仕事が速いのにミスしない人は、何をしているのか？

飯野謙次
Kenji Iino

はじめに

本書は、仕事のスピードと質（仕上がりや正確さ）を高める方法を紹介します。

- やるべき仕事が終わらず、結局残業に……。
- ひと通り終えたと思ったら、ちょっとしたミスのせいでやり直しに……。
- ミスや失敗が原因で、本来受けるべき評価を受けられなかった……。

このような経験はありませんか？　「**もっと効率よく、ミスなく仕事を進められたらいいのに**」と思う方も多いのではないでしょうか。

本書は、その願いをかなえるために、「**仕事が速くてミスをしない人**」がしている、**ちょっとしたコツをまとめました。**

仕事そのもののスピードを上げるとともに、失敗やミスを撲滅するのが本書の狙いです。効率化や時短、段取りのノウハウは数多くありますが、本書は何より「失敗やミスをしないこと」を重視しています。

「失敗は成功のもと」といいますが、**日頃の仕事や生活では、失敗やミスはしないほうがいい、**というのは言うまでもありません。また、新しい分野に挑戦するにしても、成功のためには必ずしも自分が失敗をしなければいけない、とは私は思いません。いえ、**自分が失敗していてはいけない、**とさえ思います。

なぜか？　それは、私たち人間は言葉を持つ生き物であり、他人の失敗を共有することができるからです。

たとえ前人未踏の分野に挑戦するとしても、その挑戦のすべてが、本当に誰もやったことがないか、というとそんなことはまずありません。

過去にそれを目指して失敗した人、途中で挫折した人、同じようなことをしているけれども目指すゴールが違う人……新分野といっても、その周辺にはたくさんの分野があり、先人がいます。まったく新しいことに踏み出す一歩での失敗ならともかく、その途中の道のり――先人のいるエリアで失敗している場合ではありません。

先人の失敗をきちんと学び、それを乗り越えてこそ、一人前のビジネスパーソンです。そうなってはじめて、新しいことに挑戦する資格が生まれると思うのです。

なぜ失敗やミスの撲滅が、それほど重要か

皆さんは、「失敗学」というものを耳にしたことはありますか？

私は2002年に、『失敗学のすすめ』などの著書のある畑村洋太郎《はたむらようたろう》先生と、「失敗学会」を組織し、これまで14年にわたって運営してきました。様々な道の第一人者の講話を拝聴し、大勢の社会人とともに学ぶ活動を続けています。

また、東京大学、上智大学、九州工業大学をはじめとする数多くの大学院で、失敗学や失敗を回避するための設計について、教鞭《きょうべん》をとってきました。

国内有数の大企業などへの指導にも参加しているほか、最近では消費者庁の消費者安全調査委員会にも列席し、事故を未然に防ぐための情報発信も行なっています。

なぜ工学の人間が「失敗」に興味を持っているかというと、工学で起こる失敗の多くは、簡単に人命を奪いかねない、重大事故につながるものだからです。

私たちの身の回りには、日常のささいなものから取り返しのつかないものまで様々なミスや失敗があります。ただし、それが工学の世界で起こるとき、その多くの失敗は極端に増幅されます。たとえば日常生活では、ネジ1本の締め方が緩いと棚が落ちたりしますね。それが工学では、ネジ1本のミクロン単位の緩みから、何人もの尊い命が失われたりします。


だから私たちは、皆さんに比べて「失敗」や「ミス」について日頃から注意深くアンテナを張っています。地球上のどこかで、事故や不祥事が起これば情報を収集し、なぜその失敗が起こったのか、大きな事故の裏にはどんな要因があるのか（多くの大事故は、その裏にほんの小さな失敗やミスが隠れています）、繰り返さないためにはどうしたらいいのかを検証し、情報として蓄積します。

それを自分たちや、ほかの研究者が繰り返さないように、世の中に情報を発信していくのです。

「ミス」は、誰もが起こしうる人生のリスク

「そんな大事故の話は、自分には関係ない」

そんなふうに思っているとしたら、その考えは今すぐ捨ててください。

今、「多くの大事故は、その裏にほんの小さな失敗やミスが隠れている」とお伝えしました。これは真実で、**誰でも起こしてしまいがちな小さなミスや失敗が発端となって、取り返しのつかない事故につながるケースは後を絶ちません。**

たとえば、しばしばニュースになる高速道路の玉突き事故。車を何台も巻き込む大事故でも、きっかけは、一人の運転手の一瞬の前方不注意だったりします。ミスの大きさだけでいえば、本当にささいなものといえるでしょう。

あるいは、チェック不足によって書類でミスを出してしまったとき、そこで起こった「小さなミス」から、何社をも巻き込む大騒動になることもあるでしょう。

健康診断にしばらく行けなかったことで病気の発見が遅れた、というのだって、大きく捉えれば「検査不足」という名のミス・失敗です。

小さな失敗をきちんと防ぎ、起こってしまったら適切に対処することが、大きな失敗を起こさないためのたった一つの道である。それがわかっているから、「失敗学会」では、大きな事故から小さな失敗までを網羅的に扱うのです。

本書で掲げる「スピード化」のしくみ

とはいえ、本書は失敗学の専門書ではありませんから、あくまでも扱う失敗を「個人のもの」「仕事上のこと」とします。具体的には、

- スケジュール管理をミスし、ダブルブッキング
- 締め切りに間に合わなかった
- コミュニケーションがかみ合わず、ちぐはぐに
- 大事な書類をケアレスミスで書き間違い
- どこかで計算ミスをしていて、最終的な数字が合わない
- リストのチェック漏れがあった
- 忘れ物をして、大事なものが手元にない

・売り上げ目標を達成できなくて叱責された

などが、本書で防げる失敗です。これらのミスを防ぐ方法は非常にシンプルで、それ自体が仕事の効率化になります。また、ミスや失敗がなくなった結果、その仕事にかかる時間が大幅に短縮されるでしょう。

さらに、「個人のミス」「仕事上の失敗」といっても、それは様々な形で、会社組織、家族、友人、近所の人などに影響します。

多くの場合、一人の失敗は、周囲の人に悪影響を与えます。一人が仕事で大きなミスをすれば、それを取り戻すためにチームで頑張らないといけないかもしれません。家族や友人同士ならなおさら、切り離せないものです。

人の損は自分の損。少しでも効率化に役立つ考え方やミスをなくす工夫を見つけられたら、それを身近な人から共有していってほしいと思っています。

本書でお伝えする失敗の防ぎ方・乗り越え方が、少しでも皆さんと、そしてその周囲の方々の日常生活や仕事に役立てば、これほど嬉しいことはありません。

飯野謙次

目次

2章 仕事の質とスピードを同時に上げる方法　入門編

3章 うっかりを防ぐ「最小・最短・効率」仕事術

4章 メールを制する者が、ビジネスを制する

5章 自分のパフォーマンスを最大まで高める仕事術

6章
「ずば抜けた仕事」の決め手となる人間関係とコミュニケーションのコツ

8章

「自己流・万能仕事術」のつくり方

9章 自己実現を最短でかなえる仕事の取り組み方

1章

なぜあの人は、仕事が速いのにミスしないのか？

「信頼できる！」「できる人だ」と言われる仕事術

ミスがなくなるだけで、人間関係も仕事も劇的に変わる

どんなに用心深い人でも、私たちは常に「ミスと隣り合わせ」で生きています。予定していた電車に乗れなかった、書類を書き間違えた、道に迷った、転んだ、ものを壊した、相手を怒らせた、チェックが足りなかった、連絡の行き違いがあった、言いすぎた、勘違いをした、ケガを負った……すぐに直せる小さなものから、取り返しがつかないようなものまで、ミスの種類は様々です。

また、「スキルや経験が足りなくて毎回のように失敗する」というミスもあれば、「いつもならうまくいくことなのに、今回は失敗した」ということ、「気が散ってうまくいかなかった」なんていうこともあります。「急いでいたために、普段はしないミス

をしてしまった」なども、ミスが起こりやすいパターンといえそうです。

もしかしたら、「同じことを同じようにやっても、ミスにつながるときもあればうまくいくときもある」ということさえあります。

このようにいうと、

「なんだ、うまくいくかいかないかは、まるでサイコロの目のようなものか。それなら、ある程度のミスは仕方ない、ツイていなかったと思って諦めるしかないか」

と思いたくなるかもしれません。でも、そう諦めてしまうのは早すぎます。

あなたの身近な人を思い返してみてください。

あなたの周りに、**「全然ミスのない人」**はいませんか？

臨機応変に何でもこなせる人。

采配《さいはい》が難しいこともあるはずなのに、いつでも平然としている人。

単調な作業の連続でも、驚くほど正確に、しかも速く仕上げてくる人……。

そういう人はたしかにいるものです。そういう人と、ちょっとしたミスをしてしまう人との差は一体、何でしょうか。

実は、それは**ミス回避の術《すべ》を知っていて、活用しているかいないか**にあります。

ミスの少ない人は、普段の生活から「ミスをしない習慣」が身についています。一方で、ちょこちょことミスをしてしまう人は、「ミスをしやすい習慣」になっているのです。

ミスをしない習慣を身につけると、身の回りのミスが驚くほど減っていきます。ミスや失敗をするかしないかは、ギャンブルや運とはまったく別の話なのです。

「ミスをしない」は自己ブランドになる

誰でも、ミスは「するよりはしないほうがいい」と思っているでしょう。しかし、実は、ミスは「しないほうがいい」というような軽いものではありません。**「ミスをしない」ということは、それだけで信頼感が高まり、あなた自身の「強み」になる**のです。

「ミスしない」はスピード化の一番の近道

先ほど、身近な「ミスをしない人」を思い返してもらいました。そういう人たちに対して、あなたはどんなイメージを持っていますか？

「仕事が速い」「切れ者」「頭がいい」「要領がいい」「信頼できる」……いろいろあると思いますが、そのイメージはいずれも、**「仕事ができる」**と言い換えられるものだと思います。

反対に、人と比べてミスの多い人には、どのようなイメージを持っていますか？

「だらしない」「頼りない」「うっかり者」「管理能力がない」……。ミスのない人と並べば、それだけで一段も二段も低く見られかねません。

ミスは、そのものによる物理的な損失やダメージもありますが、それ以上に**「あなた＝ミスをする人」というイメージが、何よりも恐ろしい**のです。

「あの人に任せておけば安心」というイメージが一度できれば、何かミスをしたときにでも、

「あのしっかり者の田中さんがミスをするなんて、何かあったのだろうか？」

と、親身になってもらえたりします。謝罪も受け入れられやすく、挽回するチャン

スも多いでしょう。一方で、「あの人はミスの多い人」というイメージを持たれると、「また佐藤はミスしてる! どうにかならないのか!」などと、とたんに心証が悪くなるのです。恐ろしいことだと思いませんか。

仕事の質とスピードを上げる究極のコツ

では、**ミスの多い・少ないは、生まれつきでしょうか? いえ、違います。**

お箸《はし》をはじめて使う子どもをイメージしてみてください。その子の箸づかいはどうでしょうか? 下手ですよね。自分の子どもなら、使えるようになるまで根気強く教えられます。しかし、もしよその子どもだったら、スプーンを渡して、

「それで食べなさい」

と言いたくなるくらい、ぼろぼろこぼして、食べ進められないと思います。

もし、そんな子どもは周囲にいないし想像もできない、ということなら、利き手と違うほうの手で、箸を使ってみてください。

私はこれまで、ビール好きがたたって痛風《つうふう》を数回経験しています（お恥ずかしい限りですが、この「痛風の繰り返し」というミスだけは、どんなに対策を立てても直りません）。痛風は、人によって発症場所が違うそうですが、私の場合は左の膝か右の手首です。私は利き手が右なので、痛風になるたびに利き手が使えなくなります。

そこで、左手でお箸を使うことになるのですが、はじめて痛風で右手が使えなくなったときには、大好きなラーメンもうまく食べることができませんでした。

でも、何日か練習してコツがわかれば、ご飯粒もつまめるようになります。左手だけで、ほとんどミスなくお箸を使いこなせるようになったのです。

どんな失敗の回避でも、原則は同じです。

失敗を回避するためには、いくつかのちょっとしたコツがあります。そのコツさえつかめば、自然とミスをしなくなります。最初は面倒でも、そのことを心に留めておいてください。するとそのうち、そのコツ探しが習慣となって、失敗がごく当たり前に回避されていきます。コツを見つけることを面倒と思うまでもなく、当たり前にミスを回避できるようになるのです。

「うっかり起こるミス」の原理

その陰にある飛躍のヒントとは?

ミスを防ぐために、まず一つ、おさえていただきたい事実があります。

それは、**「ミスを起こすのは、人間や動物だけである」**ということです。機械やコンピュータは、ミスをしません。

「え、そんなことはありません。だって、よくシステムエラーを起こしますよ」

「たまにニュースで、コンピュータの採点ミスで大学受験の合否が変わってしまったなんて話を聞きます」

そんな声が聞こえてきそうですね。たしかに、システムエラーを起こすことはあるでしょうし、そんなニュースも聞いたことがあります。

しかし、それはコンピュータのミスではありません。ハードやソフトは、人間が設計・製作した通りのことを、忠実に実行しているだけだからです。ですから、そのミスを起こしたのは、そのハードやソフトをつくった人間です。その設計や製作に難があったから、意図した通りに動かなかっただけ。コンピュータのせいではないのです。

これは、ミスの原因はどこまでも人間にある、という厳しい事実を突きつけてくる反面、**どんなミスでも自分たちの力で防ぐことができる、**という希望にもつながります。コンピュータも機械も、自分から勝手にミスすることはないからです。

人間から失敗をなくせば、あらゆるミスをなくすことが可能なのです。

本当に、「思いがけずに起こる」のか？

何か重大なミスが起こったとき、多くの方は、

「まさかこんなミスが起こるとは思わなかった」

「こんなことがあるなんて、想像もできなかった」

「気がつかずに見落としてしまった」

などと言います。

ミスをなくすことがなぜ難しいかというと、ミスは〝思いがけず起こる〟からです。「これはミスにつながるだろう」と思って起こったミスは通常たいしたことはありません。未曾有《みぞう》のことが起こったときこそ、そのもととなる重大なミスが発覚するのです。その典型例が、2011年の東日本大震災と、福島第一原子力発電所の事故でしょう。

「あんな大きな津波がくるなんて、思いもしなかった」

と感じた方も多いのではないでしょうか。

そう思っていたからこそ、東京電力も日本政府も混乱し、対応が後手後手に回ってしまいました。後から検証をしてみると、「あんなに大きな津波はこない」と思っていたこと自体がミスだったのです。

私は前述のように、「失敗学会」という、世の中で起こったあらゆる失敗を検証し、再発防止に努めるための組織に所属しています。たとえば、化学工場の爆発やプールでの事故、電車の脱線事故、飛行機の墜落など、事故や不祥事が起こるたびに、そのデータを収集し、原因を分析します。そして、同様の事件が二度と起こらないよう、データベース化しているのです。

そんな組織ですから、２０１１年以降、原子力発電に関しては、何度も会合を重ねたほか、ギリシャで開催された「欧州品質会議」に出席し、原子力発電所のもともとの設備に不備があったのか、などを検討したこともあります。

そのような取り組みを通して、私たちは何に対して、どの程度備えておくべきかを検討するのです。


失敗学会での取り組みを通して見えてくることは、**世の中の事故も不祥事も、「まったく新しいこと」「まったく想定外のこと」が原因で起こることはほとんどない**、ということです。

前述の原子力発電所の事故だって、15メートルの津波がくることが本当に、まったく想定できなかったか、というと、「失敗学会」の出した結論はＮＯです。事実、震災以降、「ここより下には家を建てるな」という、祖先が残した石碑《せきひ》が改めて注目されています。

これが、仕事ができる人の「目のつけどころ」

あるいは、2012年にコンクリート板が崩落し、多数の犠牲者を出した笹子《ささご》トンネルの事故も、実は2006年にボストンで同様の事故が起こっていました。その事故を共有し、対策を講じていれば、笹子トンネルの事故は絶対に防げないものではなかったはずです。

このように、過去に起こった事故やミスを活かせていれば、**「まったく予想だにしていなかった失敗」は、実はほとんどない、**ということがわかります。

その信念を持って、事故を少しでも減らすべく組織として取り組んでいるのが、「失敗学会」なのです。

個人がビジネスや日常生活で起こすミスと、これらの大事件とを並べて考えるのは違和感があるかもしれません。でも、**個人レベルでも、基本的な考え方は同じです。**

個人レベルでは、

「え、まさかそんなことが起こるなんて」

と思うようなミスでも、部署全体、会社全体、世の中全体、と視点を上げていくと、必ず類似の失敗が起こっています。それなのに**同様の失敗が今も起こり続けているのは、かつて起こった類似の失敗が共有されていないから**なのです。

あるいは、過去に起こった失敗がうまく体系づけられていないために、同類のこととして捉えられていないだけなのです。

回避のコツや以前に起こった失敗の原因がわかれば、失敗を格段に減らすことができます。また、失敗が起こり始めたときに、その兆候に気づくことができるようになります。

失敗を防いだり、被害を軽くするためには、この「**過去に必ずヒントがある**」という気づきは重要です。

「以後、気をつけます」では、失敗はなくせない

では、どうする?

ここで、失敗撲滅の大原則をお伝えしておきたいと思います。

それは、**「注意力では、失敗もミスもなくすことができない」**ということです。

よく、何か失敗をしたときには、

「申し訳ありません。以後、気をつけます」

と謝罪をします。なるべく神妙な顔をしてこの言葉を口にすれば、多くの場合は許してもらうことができますね。聞かされているほうは、

「この人は本当に反省しているようだ。もう同じ過《あやま》ちは繰り返さないだろう」

と信じ込んでしまいます。

実は、このときに「信じ込んで」しまっているのは、聞き手だけではありません。この謝罪を口にしている本人も、「自分はもう、こんなミスはしないぞ」と重大な決心をしているはずです。ちょっと回りくどい言い方をすれば、「次に同じような状況に遭遇したら、その遭遇したことを、自分の注意力でもって気づいて、失敗を回避しよう」と心に誓っているのです。

「以後、気をつけます」が、結局ほとんど守られない理由

でも、これは果たして、本当に実現するでしょうか？　いえ、だいたいにおいて、この誓いは破られます。

人間の決心はいい加減なものです。ましてや注意力はもっといい加減です。機械であれば細心の注意が必要な作業をし続けることができますが、人間には不可能です。

実は機械も、注意をして細かい作業をしているわけではありません。同じ位置に同

じ部品を寸分違《たが》わず組み付けたり、文書ファイルから文字列を漏れなく検索できるのは、機械には「注意力」どころか「意識」もないからです。

作業に集中することもなければ注意力が散漫になることもない。指示されたことを組み込まれたロジックに従って忠実に再現し続けているだけなのです。

一方、人間には意識があり、その意識は常に揺れ動いています。

仕事をしていても突然プライベートの気になることが頭をよぎったり、空腹や喉《のど》の渇きを感じたりするでしょう。体調不良や二日酔いがあったり、隣の人が気になったり、イヤな上司に怒られて気持ちが沈んでいたりします。人間の意識はいつでも自由気ままに飛び回っているのです。

そんな存在である人間に、**「注意力をいつでも向けておけ」というのは、どうしたって無理な話**です。

しかも、そうそう何でも注意していられるわけではないので、**一つの注意すべきポイントにとらわれた結果、他の重要なポイントを見逃してしまう**ことも珍しくありません。

たとえば、車の運転をするときには1点だけに注意を向けすぎないことが重要です。しかしそれでも、車道と歩道が仕切られていない道路で、

「歩行者に最大限、注意すること」

という指示をしておきながら、

「ドライブスルーのお店があったら入ること」

という指示を重ねたら、どちらかへの注意がおざなりになりがちです。特に、初心者マークをつけているような人には絶対にしてはいけません。

真の課題は、実は別の場所にある

もし、**人間の絶え間ない高度の注意力を必要とするものがあれば、それは「作業そのものが成熟していない。作業そのものに設計ミスがある」**というのが私の考えです。

先ほどの運転の例でも、もし「歩行者に最上級の注意を払いながら、ドライブスルーのお店に入りなさい」という指示のもと、事故を起こしてしまったら、その原因は単に運転者の未熟な技術にあるだけではない、ということです。前方に特に気をつけな

ければいけないような道路にドライブスルーのお店がある、というのがそもそもの間違いのように思います。

あるいは、自動車にオートブレーキが搭載《とうさい》され、自動運転が一般的になれば、車の操作や前方不注意に関わる事故は起こらなくなるでしょう。そう考えれば、車の機能が十分成熟していないといえます。

車そのものが改良されれば、近年、深夜の高速バスで起こっているような悲惨な事故も起こりようがなくなるはずです(かといって、その過酷な労働条件が改善されなくていいということではありませんが)。

今でこそ普及した旅客機のオートパイロット(自動操縦装置)によって、パイロット(操縦士)は「常に注意を集中させる」という過酷な作業条件から解放されました。離着陸といった大事な場面のために、集中力を温存できるようになったのです。これはまさに、事故が起こりにくいように作業そのものを設計し直した好例でしょう。

苦手分野で頑張り続けるのは、もうやめよう

本書で問題となるオフィスワークはどうでしょう。

たとえばコピー機の出現や、パソコンの自動校正機能などもあって、昔に比べると「注意力」が過度に求められる事態は減りつつあるといえます。

しかし、私たちが注意力と労力を費やさなければいけない作業は、まだまだ溢《あふ》れています。

たとえば、向きも大きさもてんでバラバラの領収書を集め、A4用紙に行儀《ぎょうぎ》よく貼り付け、コピーをとって、その内容をスプレッドシートかデータベースに手で打ち込んでいく……こんな経理の作業には、打ち間違えのないようにとか、申請漏れがないようにとか、様々な注意すべきポイントが潜《ひそ》んでいます。

そのため、会計はダブルチェックを行なう、監査を入れて間違いがあれば見つけるなどの対策をとることで、未熟ながらも、ミスが起こりにくい手法が確立してきています。

でもこの作業のように、仕事の本質とはあまり関係のないものに関しては、今後不要になっていくでしょう。

POSシステムが進化するのか、消費者側のクレジットカードシステムが変貌《へんぼう》を遂げるのかなど、まだ予測がつきませんが、IT技術の活用によって、「注意すべきポイントがいくつもある煩雑《はんざつ》な作業」は今後、しなくてよくなっていきます。

つまり、**システムそのものを変えて、「ミスが起こらないしくみ」に切り替えていく**ということです。

実は、個人のミスについて考える際にも、大事なのが、現状の「ミスを起こさないために注意して作業しなければいけないしくみ」から、「注意しないでもミスが起こらないしくみ」に切り替えていくということです。

そして、これからご紹介する「ミスをしないための極意」こそ、私たちが個人レベルで導入できる「ミスが起こらないしくみ」にほかなりません。

「誰もが失敗しないしくみ」とは?

いくら注意しても正しく経費の申請をしてこない人に、「次回から気をつけてください」と指導しても時間の無駄です。その人がきちんとするしかないしくみをつくっていくことが、お互いの仕事を円滑に進めることにつながります。

個人の失敗についても、同じような考え方を持ちましょう。何か失敗をしてしまったときに、「次回から気をつけよう」と念じるのはやめる。注意力を求められるとき、煩雑な作業が発生するときには、そうしなくていい方法を考える。

それが失敗を撲滅するための一番の近道なのです。

column

人間の注意力は、どのくらい持続する?

「人間の注意力は機械のようには持続しない」というと、いかにも人間が機械に負けているような印象になります。しかし、瞬間的な注意力は、機械に優るとも劣りません。意思の力で一時的に、注意力を非常に高い水準に持っていくことができるのです。

たとえば野球のバッターを考えてみましょう。素振りをしたり、肩を回したりしてリラックスした状態で待機し、打席に入ると地面をならしたりしながら徐々に緊張を高めていきます。ピッチャーが投球動作に入り、インパクトのときに、その注意力は一気に最高点に上りつめます。その一瞬の注意力はすばらしいものなのです。

もう一つ、人間の注意力の特徴は、「個人差がある」ということです。注意力を高いレベルに保ったまま作業に集中できる人、いつも落ち着きがなく雑談ばかりして仕事に集中できない人など、様々です。上に立つ人は、それぞれの適性を見て、仕事を

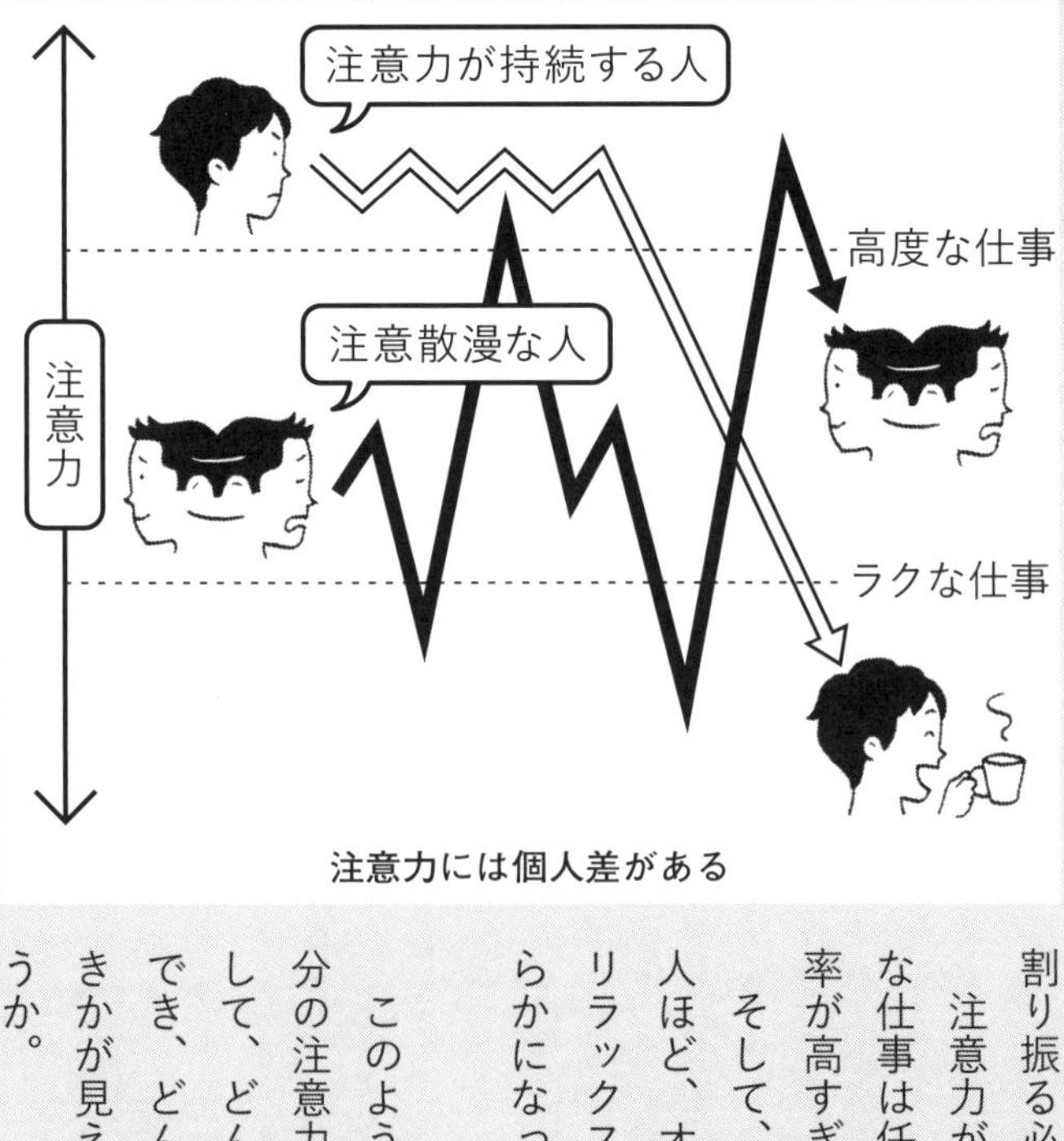

注意力には個人差がある

割り振る必要があります。

注意力が持続しない人には、高度な仕事は任せられません。失敗の確率が高すぎるのです。

そして、一般に注意力が持続する人ほど、オフタイムには思いっ切りリラックスする傾向にあることが明らかになっています。

このような特徴を踏まえると、自分の注意力がどれほどのものか、そして、どんなことなら注意力で対応でき、どんなことをシステム化すべきかが見えてくるのではないでしょうか。

2章

仕事の質とスピードを同時に上げる方法 入門編

①

データの扱いがスマートになる「保存」と「共有」のコツ

すべての人が必ず知っておくべき「1・2の原則」

本章からは、具体的に、仕事を効率化しながらミスを撲滅する方法を見ていくことにしましょう。

パソコンやスマホの普及によって、私たちは日常的に「データ」を取り扱うようになりました。日々のやりとりが文字データ（メール）で行なえるようになっただけでなく、音楽や映像でさえデータだけでやりとりされる時代です。今後ますます、扱うデータの量や種類は増えていくでしょう。

そんな中で目立つようになってきたのが、「データに関連した失敗」です。

- お互いにパソコン上で文書を見ながら電話で話をしていたが、どうにも相手とか

み合わない。確認してみたら、相手の見ているデータが最新ではなかった
- 1日中パソコンに向かって作業をしていたが、ふとした拍子に作業データが消え、ずいぶん前の作業からやり直すことになってしまった

……など、ざっと思いつくだけでも、私たちは日々、多くの「データに関連した失敗」を犯しています。特に、経験によって「データを扱う能力」には差があるので、多くの職場で日々、このような失敗が起きてしまっているのではないかと思います。

共有するデータは「1」カ所で保存

複数人でファイルを共有する際に、よく、全員にファイルを添付してメールで送る人がいます。もし、社内で「メール添付」の方法をとっている場合は、今すぐやめましょう。

共有するデータは1カ所に保存するのは、データを扱うときの基本です。

今のようにデータベースが普及する前は、名簿は台帳で管理されていました。台帳

は一つしかなかったので、記載ミスはあってもデータの齟齬《そご》による失敗はありませんでした。

それが、一人一台のパソコンを扱う時代になり、皆が並行して同じファイルを共有・編集できるようになったのです。編集するためには自分のパソコンにダウンロードする必要がありますから、編集した人の数だけ、台帳ファイルの複製があちこちのパソコンにできることになります。そして、自分と隣の人とで、見ているデータのバージョンが違う、どのデータが原本かわからないなどの問題が起こり始めたのです。

「注意深くバージョンの管理をすれば済むこと」と笑われるかもしれませんが、そんなことに注意を払うのは余計な手間です。データを1カ所で保存するしくみをつくるだけで、データの齟齬に伴う失敗は回避できるのですから。

オンラインストレージサービスを活用すれば、社外の人とのデータの共有も容易にできるのでオススメです。

「共有するデータは1カ所で保存」のルールを徹底するだけで、様々な仕事がスムーズになるはずです。

「2」種類以上のバックアップデータをとる

今、共有するデータは1カ所で保存、と念を押しました。すると中には、「大事なデータを1カ所だけに置くとHD《ハードディスク》がクラッシュしたらどうするの?」と疑問に思う方もいるでしょう。もちろん、**バックアップをとっておく必要があります。「2」は、そのバックアップデータに関わるルールです。**

私はよく、「失敗学」に関連して、日本全国や海外で講演をしています。本当にありがたいことです。

私にとっては定番の講演ですが、毎回違う人にお話をするわけですから、お客様にとっては1回1回が特別です。その期待に応えるために、講演資料のパワーポイントは、データのバックアップの仕方についても、私はかなり念を入れています。

その方法とは、「データが入ったパソコンそのもの」を持参し、かつ、「ファイル名を変えてデータを保存したUSBメモリ」も携帯すること。

「2」つ以上の形式でバックアップしておけば、何かの理由で自分のパソコンが立ち上がらなかったときにも、パソコンだけをお借りすれば講演ができます。ちなみに、USBメモリのデータのファイル名を変えるのは、**どちらのデータが原本なのかをひと目でわかるようにする**ためです。

最近では、安全のため、外部から持ち込んだUSBメモリは、自社のパソコンには差し込ませない方針の会社もあります。そのときのために、ネット上にもその日の講演用データを置いておくようにもなりました。三重の備えです。

さらに、普段から**「2」種類以上のバックアップをとる**習慣を持つことで、何らかのトラブルで作業中のデータが消失してしまった場合にも、比較的消失時に近いデータを確保できます。その意味でも、この習慣は有効だといえるでしょう。

Action ❶

データの共有に「メール添付」を使うのをやめる。

2 チェックリストの正しい使い方、知っていますか？

違う人間が同じ作業を繰り返すのは、時間と労力の無駄だった

何か順を追って行なう作業には、チェックリストがよく使われます。1ステップずつ、細かく指示が書いてあり、その各ステップが終わるたびにチェックマークをつけたりするアレです。

「失敗学」においては、チェックリストのデメリットもよく指摘されます。チェックリストがあることによって、作業をする人の思考が停止し、少しでも常識的な思考を働かせれば回避できるような失敗が見過ごされることになることがあるからです。

ただし、やはり煩雑な手順が必要な業務においては、チェックリストがないとさらなる混乱が起こりえます。そこで、次善の策として仕方なく、チェックリストが今な

お、活用されているのです。

私たちも、**決まった手順に従って作業を進める必要があるときには、チェックリストを活用することで、ミスを防ぐとともに作業の効率化をはかりましょう。**

チェックリストはアメリカ製のほうが使いやすい

チェックリストは、日本独自の文化ではありません。私もかつてアメリカで仕事をしていたときには、アメリカでつくられたチェックリストを使っていました。

単純に比較できるものではありませんが、私は**チェックリストの作成においては、アメリカのほうに分《ぶ》がある**ように感じます。

アメリカのチェックリストは、非常に小さなステップが一つずつ項目化されているのです。その分、項目は多く、リストはとても長くなりますが、チェックマークを入れるときには何も考える必要はありません。シンプルで使いやすいつくりでした。

一方、日本のチェックリストは、一つの項目にいくつかのステップが含まれている

日本版チェックリスト

1 水槽温度の適正を確認する ☑
2 水槽内の水量を確認する ☐
3 水槽のふたはしっかり固定されている ☐

アメリカ版チェックリスト

1 水槽Aは60°Cより低くない ☑
2 水槽Aは80°Cを超えていない ☑
3 水槽Aの水面は、赤い線より下にある ☑
4 水槽Aの水面は、青い線より上にある ☑
5 水槽Aのふたの4本のねじ締付トルクはそれぞれが50kg・cmを超えている ☐
6 水槽Aのふたの周りはぬれていない ☐

誰でもスイスイ、チェックできるのが「いいリスト」

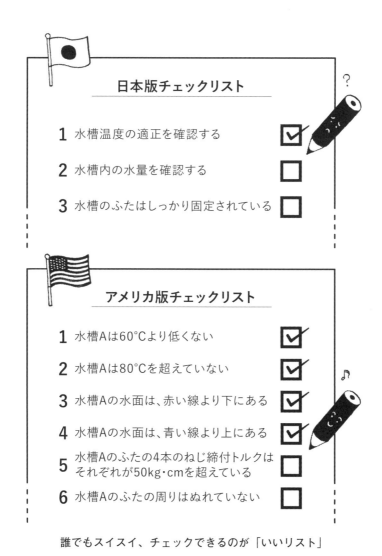

ことが多いように感じます。項目の中に、「ここまではできたけれど、ここから先はまだだ」ということが起こりえますし、考えなければいけないことが入っていたりします。だから、使いづらいのです。

アメリカで使用したチェックリストが原子力発電所の試運転の手順だったため、なおさら丁寧につくられていたということもあるかもしれません。しかし、それにしても、わかりやすく、間違えようのないつくりでした。

もともと手順でミスをしないためにつくるものなのですから、日本のチェックリストもアメリカにならって、愚直に**1作業1チェックでつくる**のがいいと思います。

このとき、作業のやり方が2通り以上あっても、どちらかに決めてひと通りだけを手順にするのがコツです（67ページ）。チェックリストを追いながら作業をする人が混乱するような書き方は、絶対に避けてください。

ダブルチェックの本質は「同じ確認を二度」ではない

チェックリストはたしかに手順の入れ違いや漏れを防ぐために有効です。しかし、的確に使われなければ、その効果は限定的です。

以前、医療関係者を相手に講演を行なったとき、こんな質問を受けました。

「ミスの低減が重要課題なので、チェックリストをつくって、必ずそれをダブルチェックするようにしています。その効果について、先生のご意見を聞かせてください」

私はこの質問に、即座に「それは、思ったほどの効果はないでしょう」と答えました。なぜだと思いますか？

もちろん、チェックリストに効果がないと言いたかったのではありません。その医療機関では、たとえばAさんが最初のチェックをして、次にBさんが同じチェックを繰り返す、という方法をとっていましたが、そのやり方では効果が薄い、と指摘したのです。

人間には、人間の特性があります。

たとえば世の中には「交通事故が起こりやすい道路」というのがあるでしょう。それは、人間に共通する性質ゆえに、そこではハンドル操作を誤りやすいとか速度の感覚が鈍るとか、そういうことで事故が起こっているのです。

それと同様に、**仕事上でも一人が見誤りやすいポイントは次の人も見誤りやすい**ものの。まして、同じ職場で同じ職務を持つ人がチェックするのですから、Aさんが見誤るところはBさんも見誤る可能性が高いといえます。

そんなケースでは、理想をいえば現場をしっかり検証して、AさんとBさんとで違うチェックリストでチェックをするのがいいということになります。

しかし、一つの事柄を達成するために二つもチェックリストをつくるのは、非常に効率が悪いですね。職場がチェックリストだらけになってしまいそうです。

そこで手間をかけずに効果を出すには、**二人目のチェック者は、チェックリストを逆さまに持ってやる**ことをオススメします。

チェックリストを逆さまに持てば当然、読みにくくなるので、時間が少しかかるかもしれません。

しかし、**見る方向が変わるだけでも、一人目が見逃した、あるいは錯覚した間違いを二人目が捕まえる可能性は、格段に高くなります。**

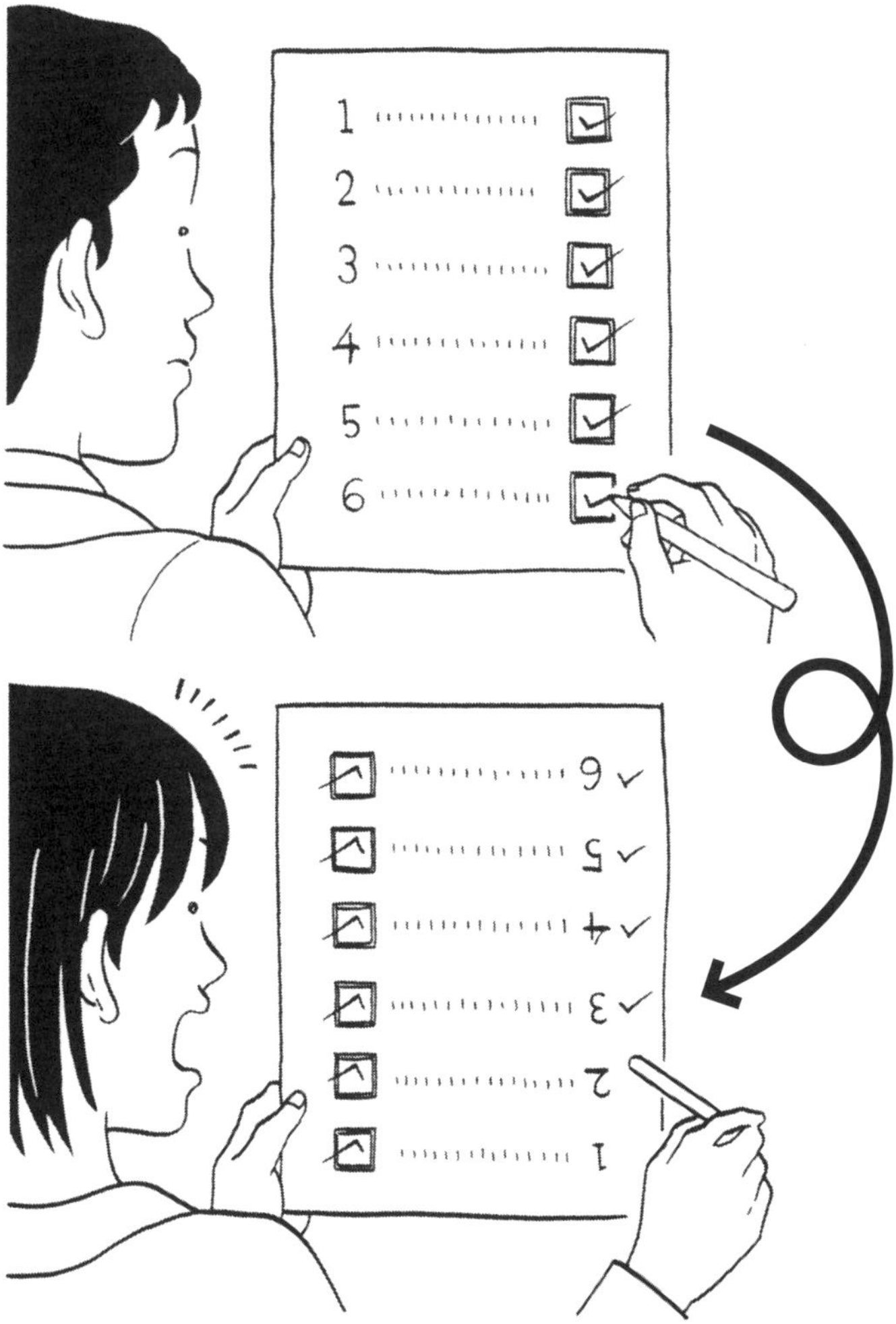

二人目はチェックリストを「逆に」使う

実はこれは、お勘定《かんじょう》を間違えない飲み屋さんでよく使われている手法です。昔ながらの伝票でお勘定を計算する場合、最初は上から順に足して計算し、検算は下から順に足していくのです。

ダブルチェックは、1回目のチェックと同じ動作を繰り返すのではなく、その方法や見方を変えて行なうことに意味があるのです。

状態が変われば「見る目」は自然に変わる

以前、ある日本企業の米国法人に勤めていたとき、すばらしいダブルチェックを行なっている経理担当者がいました。その人が実践していたのが、プリンタつきの電卓を駆使する方法です。

まず、最初の計算は実際に入力しながら紙に打ち出します。そして検算のときには、打ち出した紙に印刷された数字と、手元の数字を見比べるのです。

このように、ただ見方を変えるだけでなく、**見るものの状態そのものを変えてダブルチェックを行なえば、その精度はさらに上がります。**

そこで私も、ちょっと大きめのプリンタつき電卓を購入し、そのやり方を導入したところ、たしかに数字の間違いは激減しました。その電卓は今でも大事に使っています。

本当に効果のあるダブルチェックのやり方とは？

このような**「見方を変える」「状態を変える」**ことによるミスの撲滅法は、チェックリスト以外にも活用できます。

よくある事務作業の一つに、エクセルなどのシートへの入力があります。この作業では、たいてい同じ形のマス目（セル）に順番に数字などを入力していくのですが、これほど目や手が混乱する単純作業はありません。

こういった作業にも、ダブルチェックを伴うことがよくあります。

たとえば二人で作業を行なう場合には、Aさんが原稿を読み上げてBさんが打ち込み、ダブルチェックではBさんが自分で打ち込んだものを読み上げてAさんが原稿と照らし合わせるなどすれば、比較的高い確率でミスを発見できます。

では、一人で作業をこなさなければいけないときはどうしたらいいでしょうか。

まず簡単な方法は、先ほどのチェックリストの発想と同じ。打ち込むときとダブルチェックをするときで向きを変えることです。**上から順に打ち込んだら、下から順にチェックする。**これはミスをなくすために非常に効果的です。

ダブルチェックの効果が何倍にも膨らむこのひと工夫

さらにもうひとつ、提案があります。

数字の入力ならば、ひと通り終わったときに、それを折れ線グラフにしていただきたいのです。エクセルであれば、２、３の操作で簡単に折れ線グラフはつくれます。

「なぜわざわざ、意味のない折れ線グラフに？」

と思う方もいるでしょう。

でも、**折れ線グラフにして視覚に訴えると、数字だけでは見えてこなかったデータ**

の齟齬にいち早く気づくことができます。

たとえば、そのデータが経費の月次支出実績だったとします。あまりに突出している数字があったとき、グラフの形は大きく変わります。数字の羅列では違和感がなくても、グラフの形が大きく変われば感覚的に「おかしい」と思うでしょう。桁《けた》がずれているなどの〝ありえないミス〟を防ぐことができるはずです。

また、それを他の月のグラフと比べてみて、その形が大きく違えば「間違っているかもしれないな」と注意を喚起することができます。

チェックリストを使っての作業、データ入力などの地道なことこそ、少し変わった形でのダブルチェックがミス撲滅と仕事のスピード化につながるのです。

Action ❷

見る人を変える。見方を変える。見た目を変える。
――ダブルチェックの3原則

③

「付箋《ふせん》×ＴＯ ＤＯリスト」で、ケアレスミスを撃退！

脳に負荷をかけずにちょっとしたことを忘れないコツ

どんな仕事をしていても、ついしてしまいがちな「うっかりミス」。

- 出席しなければいけない会議の開始時間を勘違い。呼び出されて気づいたが、10分遅刻してしまった
- 任されていた事務仕事をすっかり忘れていて、あわてて取り組まなければいけなくなった

など、日々忙しく過ごしていれば、このようなこともあるでしょう。また、

- 仕事帰りに駅前のスーパーで牛乳を買って帰るように頼まれたのに、家に着くまで思い出さなかった

というように、日常生活でも「うっかりミス」は起こりがちです。

人間の脳は、「頑張らないとできないこと」や「新しい挑戦」にしっかり集中できるように、**「たいしたことでないこと」「簡単にできること」については活動領域から押し出すようにできています。**それで、「言われるまで気づかなかった」「すっかり忘れていた」という状態が起こってしまうのです。

私たちの「ついうっかり」は、こうした脳の働きが正常に働いている証拠ともいえるでしょう。

このような「うっかりミス」は、一つひとつはささいなことですが、放置はできません。

相手を待たせる原因になったり、焦りから新たなミスを引き起こす可能性もあります。頼まれたことを何度も忘れたら、**相手との信頼関係が崩れるきっかけともなる**ものです。

かといって、すべて――たとえば仕事帰りに牛乳を買って帰ること――を、朝からずっと反復し続けるのは脳の無駄づかいにほかなりません。

「たいしたことないこと」は堂々と脳から追い出す

そんなときに有効なのが「付箋（ポストイット）」と「ＴＯ ＤＯリスト」の合わせ技です。

使い方はシンプルで、今すぐ取り掛からないことは、ささいなこともすべて、付箋に書き出します。１枚の付箋につき、やるべきことは一つだけ。書いた付箋は、重要なもの、期日が近いものが上になるように、重ねて貼り直します。

３日後に会議の予定があれば、時間と場所と会議の用件だけ書いて、２日後にやるべき付箋の次に貼る。期日の決まった提出書類があれば、書類名と期日を書いて、とりあえず今日のＴＯ ＤＯのところに入れておきます。

すると、**「重要なこと」「すぐにやるべきこと」ほど手前にくる、かさばらない「ＴＯ ＤＯリスト」**が完成します。

そうして、終わったものは剥《は》がして捨て、翌日に持ち越すものは翌日のＴＯ ＤＯの位置に貼り直します。必要に応じて１日分を並べて貼り替えることもできますし、

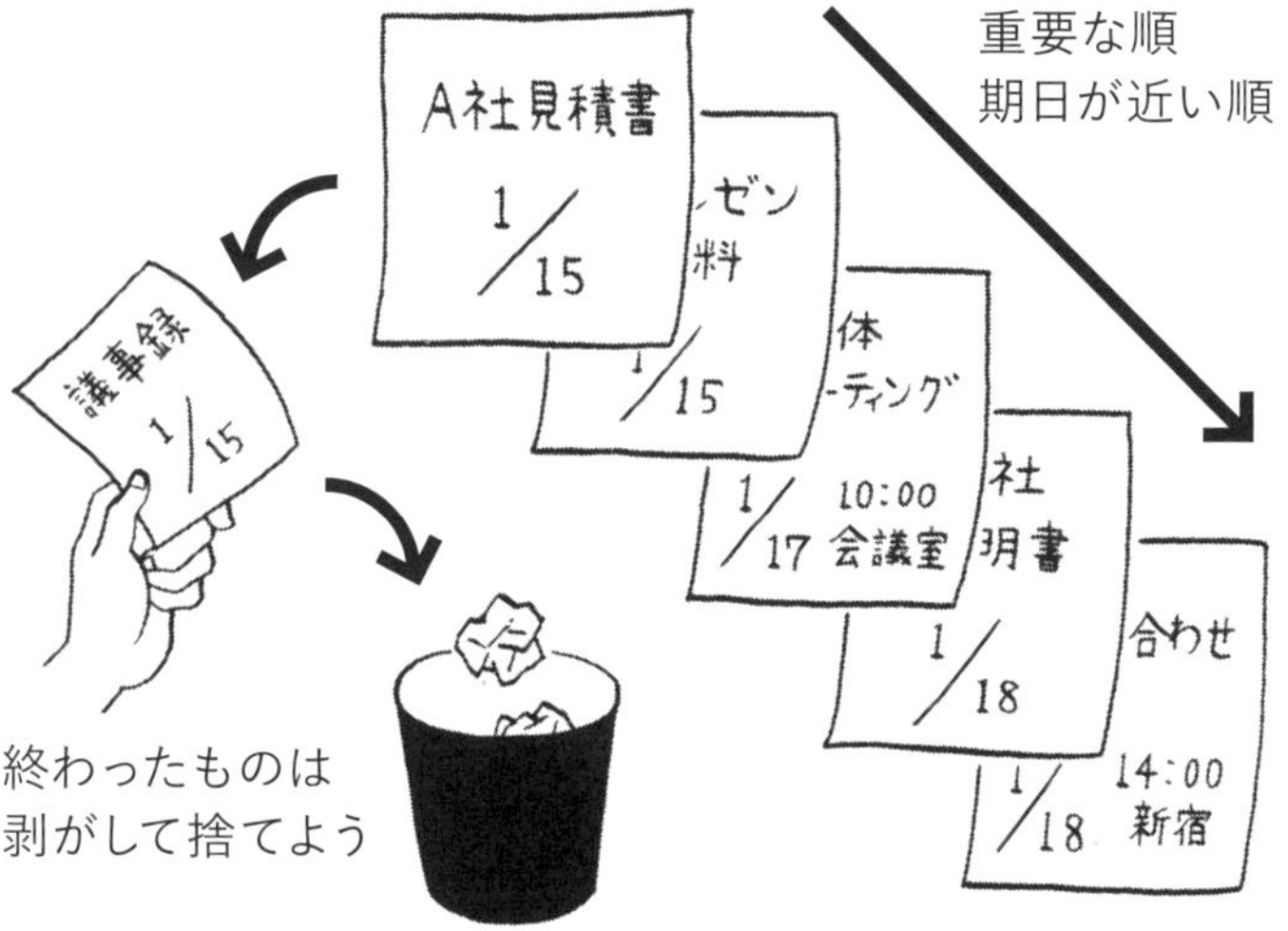

重要度に合わせて順番を貼り替えることも可能です。

やらなければいけないけれども気の進まない事案は、いつまでもTODOリストに鎮座して、プレッシャーを与えてくれます。そして、ついにはこちらも折れて、「仕方がない」とつぶやきながらも取り組むことになるのです。

ようやく終えたときの、くしゃくしゃっと丸めて捨てる気持ちのよさといったらありません。

今、タスク管理はアプリなどを使えば簡単にオンラインでも行なえるようになりました。それも便利ですが、このタスク終了後の「丸めて捨てる感覚」に優るものは、まだ私は知りません。今の時代にあえて付箋のＴＯ　ＤＯリストをオススメする理由も、この爽快感ゆえのものです。

「ＴＯ　ＤＯリストは新人がつくるもの」。その思い込みを持っている人は、脳の活動領域を余計に費やしてしまっていることになります。

「たいしたことのないこと」こそリストにして、脳から追い出してしまうことが、そのときにやるべきことに集中するための秘訣です。

Action ❸

基本に戻ってＴＯ　ＤＯリストをつくってみよう。

4

本当はすごい「新・マニュアル化」のすすめ

「正しいけれども悪いマニュアル」に踊らされていませんか？

「マニュアル」という言葉は、どうもネガティブな意味で使われることのほうが多いようです。たとえば「マニュアル人間」「マニュアル化」というと、「応用が利かない」という悪口になります。

しかし、**様々な作業が効率化され、私たちが取り扱う情報量が増えた今、「マニュアル」を使いこなすことは必須です。**

また、以前と比べて転職する人が増えていることも考えると、それを参照するだけで誰もが正しい手順を辿《たど》れる「マニュアル」は、今後ますます重要になっていくでしょう。

なぜ「正しさ」を追求してはいけないか

マニュアルの何が問題か。それは、**世の中には、「よいマニュアル」と「悪いマニュアル」があること**です。

悪いマニュアルとは、ずばり、「わかりにくいマニュアル」です。マニュアルを使う立場からすると、**正確さにこだわったマニュアルほど、悪い（＝使いにくい）ものが多い**ように感じます。

たとえば、赤、白、黄、黒の４本の電線をつなぐ手順が書かれたマニュアルがあったとします。それが、

「４本の電線を接続します。赤い電線は白い電線を接続した後につないでください。黄色い電線は黒の後です。黒と白はどちらが先でもかまいません」

などと書かれていたらどうでしょうか。どんなに書かれていることが正しくても、パズルを解いているようでわかりにくいでしょう。結果的に接続の順番を間違えたり、面倒くさくなってマニュアルを見なくなったりしていくのではないかと思います。こ

こから、失敗が生まれていくのです。

では、このマニュアルが、

「4本の電線を、黒、白、黄、赤の順に接続してください」

と書かれていたらどうでしょうか？

マニュアルの目的は、そのしくみ全体を理解することではありません。より少ない労力で、誰もが正しい手順を辿れることです。

4本の電線の接続は、「白↓赤↓黒↓黄」の順でも「黒↓黄↓白↓赤」の順でもいいので、この書き方は「100パーセント正しい」とはいえません。しかしこの通りにやれば誰でも、迷うことなく電線を接続することができます。それが大事なのです。

たとえ正しくなくても、その通りにやったらできてしまうマニュアルが、ユーザの立場に立った「よいマニュアル」なのです。マニュアルは技術解説書とは違います。間違ったことが書いてあっては困りますが、正確である必要はないのです。

もし、あなたがマニュアルを見ているのに失敗したとしたら、あるいは何か迷いが生まれたら、そのマニュアルは「悪いマニュアル」です。

失敗を防ぐためには、それを編集・改訂していかなければいけません。つまり、**どんなマニュアルでも、最低限、すぐに改訂できるようにしておくことは必須です。**

さらに、そのマニュアルが間違った方向に改訂されないように、いつ、誰が、どんな編集を行なったかを記録に残しておくことが必要でしょう。

工程管理のミス撲滅には、マイマニュアルを

マニュアルは基本的に情報を共有するためのものですが、ここであえて、**自分の仕事をマニュアルにしてみることをオススメします。**

もちろんこれは、誰かに伝えるためではなく、自分の中で仕事を管理するためです。

たとえば、何かの生産ラインを管理しているとすれば、まず何から手をつけて、誰に連絡をして、誰に報告をして、何を手配して……というのを、マニュアルにしていくのです。

するると、どうすればミスなくその生産ラインを管理できるのかを可視化できるばかりでなく、「正しいけれどもわかりにくい」手順に気づくことができるでしょう。結果として、**コストや手間を最小限に抑え、無駄もミスもない仕事が実現できます。**

仕事における「正しいけれどもわかりにくい」というのは、だいたいにおいて失敗の起きやすい手順です。

そこを、「正しい方法をすべて書いてはいないが、わかりやすい」状態に整えるだけで、工程管理をはじめ、全体像を見通しておくべき仕事でのミスは激減します。

「新しい脱マニュアル化」の動きとは？

最近ではマニュアルをつくらなくても済むようなしくみに取って代わりつつあります。携帯電話の初期設定のように、利用者が案内に従って操作するだけで、いつの間にか設定が全部済んでしまうようなしくみです。これが、失敗をなくすためにはベストな方法であるのは言うまでもありません。

マニュアルがしくみとして取り込まれ、利用者がそれ以外の手順を辿れないのですから。

家電製品の設定に限らず、仕事や日常生活のすべてのマニュアルがこのしくみに取り込まれ、個人でマニュアルを辿る必要がなくなることが、ミスをなくすためには理想的です。しかし、私たちを取り巻く機械が、まだその領域に達していないため、現実的とはいえないでしょう。

せめて、自分の身の回りの事柄を自分で「マニュアル化」し、無駄を省いてみてはいかがでしょうか。

Action ❹

普段の自分の仕事を「マニュアル化」してみよう。

5

あらゆるミスには、「起こるサイン」がある

この気づきが、仕事ができる人・できない人の分岐点

失敗学に携わっているとよく出合う教えに、「ハインリッヒの法則」というものがあります。これは、

「何か**1**つ大きな事故が起こったら、その陰には同じ原因による小さな事故が**29**あり、さらにそれらの陰には、事故にならなかったまでも『ひやり』としたことが**300**あったはずだ」＝「**1：29：300**」

という法則です。私はこの法則を、普段の仕事では次のように読み替えています。

同じことで「**ひやり**」**とすることがあったときに何も手を打たないと、どんなに運がよくても、10回に1回程度の割合で、小さな事故が起こります。**確率でいえば5回

めくらいで事故になる可能性が高いですが、運が悪ければ、２、３回の「ひやり」が次には事故になるでしょう。これが、29：３００の部分です。

ここで起こった**小さな事故を放っておくと、どんなに運がよくても30回で大事故に発展します。**普通は、15回も繰り返されたら大事故が起こるでしょう。

そう、「ひやり」も「小さな事故」も、それが起こったらなるべく早急に効果的な対策を打たなければいけないのです。

「ひやり」こそ、大失敗を予防する切り札!?

「ひやり」や「小さな事故」に効果的な対策を、と伝えると多くの人は、

「周知徹底します」

「そのように教育します」

「管理を強化します」

のうちのどれかを返してきます。周知徹底、教育訓練、管理強化は、いかにも「大いに対策を行なっています」という雰囲気を醸《かも》し出す便利な言葉です。不祥事などを

起こした企業の会見でも頻繁に使われます。

しかし、これらの三つは、失敗学では「三大無策」。**何もしていないに等しい**のです。

考えてみると、周知徹底や教育訓練に効果があれば、それは「現場の作業員が無知だったから」と言外に言っているようなものです。そんなはずはありません。

「管理強化」に効果があるなら、それは「作業員がずるをしてサボっているから、それを直します」という、何とも責任逃れな感じのする言葉でしょう。

また、1章で述べたように、人間は注意力の持続しない生き物です。なので、その注意力に頼らなければいけない手順があるならば、それは**手順そのものの未熟さを改善しなければ「ひやり」も「小さな事故や失敗」も、そして「大事故・大失敗」もなくならない**のです。

「ひやり」への効果的な備え方は？

「ひやり」とすることがあったとき、「小さなミス」で済んだとき、それはただ「この程度で済んでよかった」と胸をなで下ろすだけでは足りません。
どうすれば「ひやり」とせずに済むか、「小さなミス」を防げるか、徹底的に考えなければならないのです。

もちろん、どんな「ひやり」が起こったかによって、その対策も変わってきますが、総じていえることは、**「失敗やミスをなくすコツ」は、実際に失敗が起こったときだけでなく、何か失敗が起こりそうになったときでも、使うべきだ**ということです。

本書で紹介するミスへの対策は、そのまま、ミスをしないための備えにもなりえます。実際に起こった失敗への対策だけなく、これから起こりうる失敗を防ぐ視点でも捉えていただきたいと思います。

Action ❺

「凡ミス」や「小さなミス」への感度を上げる。

3章

うっかりを防ぐ「最小・最短・効率」仕事術

6

必要最低限を見極める

こうすれば、すべてをコントロールできる

私は普段、ほとんどものを持ち歩きません。ぱっと見ただけでは、「手ぶら」に見えるでしょう。それだけ持ち物が少ないのには理由があります。

実は、幾度となく「ある失敗」を重ねた結果、持ち物は少ないほうがいいということに行き着いたのです。

私がしてきた失敗、それは「**ものをなくす**」「**忘れる**」**ということです。**

小さなものではライターやペン。読みかけの本からセーターまで、「なんでそんなものをなくすことができたのだろう」と後になって悩むようなものまで、なくしてきました。

あるとき、神田警察署から大学に電話がかかってきたことがあります。受け持っていた授業の採点表を封筒に入れたまま、公衆便所に置き忘れていたのを誰かが届けてくださったということでした。当時は、封筒に大学名や自分の名前が書かれていたことに安堵《あんど》したものです。昔のおおらかな時代だったからよかったものの、今そんなことをしてしまえば、大問題になっていたかもしれません。

このように、「なくし物」は発見されれば笑い話ですが、かつては電車内に企業秘密を置き忘れたり、個人情報が漏洩《ろうえい》して事件になったこともありました。「ものをなくす」「忘れる」というのは、想像以上に大きな失敗の引き金となるのです。

持ち歩くもの＝管理しなければいけないもの

「ものをほとんど持ち歩かない」という私の習慣は、振り返ってみれば高校生時代にルーツがあるように思います。

学校ではよく、「ロッカー」が個人にあてがわれるでしょう。常日頃、忘れ物が多

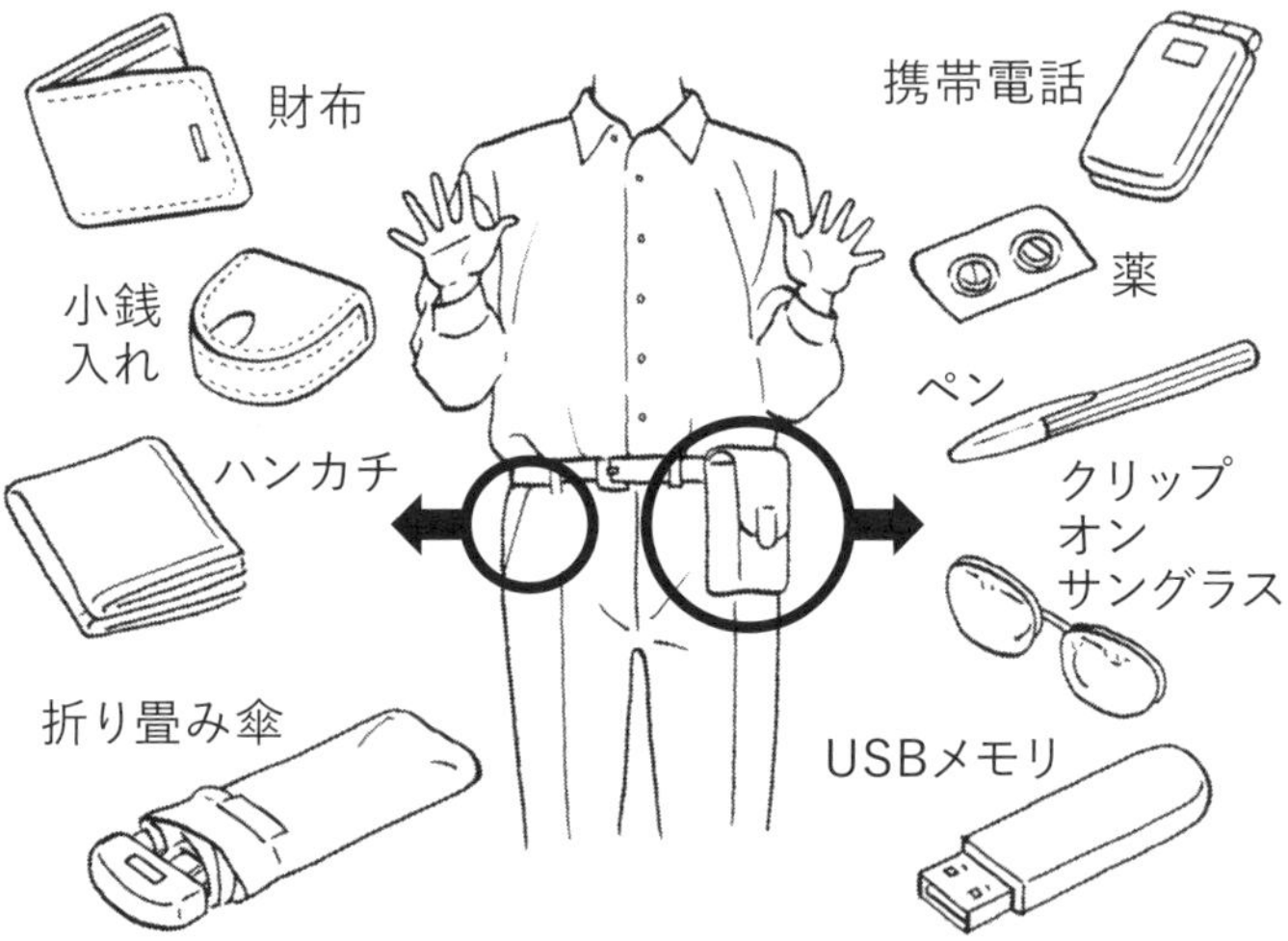

「鞄を持たない」から、忘れ物もない

い私は、そのロッカーに教科書を全部入れておくことにしたのです。たまに宿題が出されれば、持って帰らないで済ませるために学校で終わらせる。どうしても終わらないときは、必要なページだけ切り取って持って帰る。

それだけ私は、「ものを持たない」ことを徹底していました。

それを今ではさらに進化させ、仕事には可能な限り「手ぶら」で出かけます。携帯電話とその日の薬、ペン、クリップオンサングラスとUSBメモリをベルトバッグに詰め込み、ポケットには財布、小銭入れ、ハンカチ、折り畳み傘。出かけるときはこれだけです。

ズボンが重いという難点はありますが、置き忘れの心配は絶対にありません。

困るのは、出先で書類を渡されることですが、そのときは封筒を無心し、どこにも寄らず、まっすぐ事務所に戻るようにしています。

皆さんも私のようにまったく手ぶらで出かけるのがいいとは言いません。ぜひ**自分で、「自分の必要最小限の携行物」を考えてみてください。**

すると、自分自身で管理できる量しか持ち歩かなくなり、忘れ物やなくし物がなくなるはずです。

Action❻

明日の荷物を、「最低限ないと困るもの」だけに減らしてみよう。

7

絶対忘れない人と、忘れやすい人の「一番の差」は？

習慣ごと変える方法

「絶対に忘れないようにしなくちゃ」

と思っていたはずなのに、いざそのときになったらすっかり忘れた、ということはありませんか？

私も、そんな経験がよくありました。たとえば、

- 講演のためにノートパソコンを用意したのにACアダプタを忘れて、あわててそれだけ買い足した
- 参加者に配るために用意した資料を、まるまる忘れた

などなど。

おかげで1台のノートパソコンに使えるACアダプタがいくつも家にありますので、

外出するときにわざわざアダプタを電源から抜く必要はなくなりましたが、大事なものは忘れないに越したことはありません。

こんな「がっかりする失敗」を繰り返さないために、ここでは、失敗学的問題解決法を考えてみましょう。要するに、**「大事なものを忘れないようなしくみをつくる」**のです。本項目でお伝えするのは、ITの力を借りてそういうプログラムを組みましょうとか、アプリを導入しましょうとか、そういう小難しい話ではありません。

それを「持たずには出かけられない」しくみをつくる

私自身がこの類《たぐい》の失敗をするのは、だいたいが、朝起きるのが予定より遅くなり、あわてて出かけたときでした。そこで当時の私は、大事なものは前の晩に鞄《かばん》に詰め込むか、鞄を持たないときはそのものを玄関に置いておくことにしました。

すると、たしかに忘れる回数は減りました。しかし、「撲滅」まではいきませんでした。玄関に置いておいたにもかかわらず、素通りして持たずに出かけてしまうような、そんな笑っちゃう失敗をしてしまったのです。

そこで、考えました。なぜ、玄関に置いたものを忘れてしまったのか。

それは、持たなくても出かけることが可能だったからです。そこで次の対策として、大事な持ち物は、朝、履いていく靴の中に入れるようにしました。大きいものであれば、靴の上にそれを載せます。多少、靴がひしゃげるかもしれませんが、なければ大いに困る持ち物を忘れないためと考えれば、どうということはありません。

毎日必ずする習慣に組み込む

もうひとつ、**毎日必要になるもの**については別の対策を立てることにしました。私にとって「毎日必要になるもの」とは、生活習慣病の飲み薬です。

50歳を過ぎた今、毎食前に飲まなければならない錠剤が2錠あります。この薬が問題なのです。外出のとき、ついうっかり持ち忘れてしまいます。

最初は薬局でもらうシートのまま持ち歩いていました。しかしそのシートは、鞄を持たない私には大きすぎます。さらに、1シート終わってしまった後に次のシートを補充し忘れるということが続きました。それで、別の方法をとることにしました。

小さな容器を用意し、3日分を持ち歩くという方法です。たしかに持ち歩くものは小さくなりましたが、今度は3日分飲み終わった後に補充を忘れることが増えてしまいました。

そこで考えたのが、「毎朝、1日分を容器に入れて持ち歩く」方法です。補充の回数が増えれば忘れる回数も増える——そんなふうに思う方もいるかもしれませんが、それは逆です。毎朝のこととなればそれは、歯磨きをするのと同じ。入れ忘れをほぼ撲滅することができたのです。

ここでのポイントは、面倒くさがって2日分をまとめて入れたりしないこと。隔日の習慣なんて忘れるに決まっています。とにかく大切なのは**「毎日」**薬を入れること。**習慣になれば、もう恐れることはありません。**

「失敗しない」は「しくみ化」できる

ここでは私の、「必要なものを忘れる」という失敗を、習慣を変えることで撲滅する方法を紹介しました。おそらく、人により、困っていることは様々でしょう。私のように「忘れやすい」ことに悩んでいる人もいれば、約束の時間に「遅刻しやすい」ことに悩んでいる人もいると思います。

そのときはぜひ、**「その問題が起こりえないしくみ」**を追求してみてください。「なぜその失敗をしたのか」を失敗学的に振り返ってみるのです。

ただし、失敗を防ぐための「チェックリスト」（51ページ）を毎日の生活で使おうというのは間違いです。仕事ならば一つずつ確実にチェックしてマークを入れられるかもしれませんが、日常のことであればいくつかまとめてチェックを入れてしまうでしょう。それがもう、失敗のもとです。

「入れたつもりだったのに」「確認したつもりだったのに」ということになりかねません。

Action 7

自分自身の習慣を、まるごと失敗しないほうに変える。

8
スピードを上げればミスが減る
効率が驚くほどよくなる「最短時間」の目指し方

78ページでは、「持ち物の必要最低限を見極める」という話をしました。この、「最小を目指す」は、持ち物だけに当てはまることではありません。

私は、**時間・労力・コストなど、すべての面で「最小」を意識する**ようにしています。

物事の最小単位がわかると核心がつかめる

本日この日、どうしてもやらなければならない必要最小限は何か。

このプロジェクトの必要最小限——すなわちどれかが欠けてもプロジェクトとして

成り立たなくなるものは何か。

コストを最小限に抑えるために、すべきことは何か。

最小限の時間で得られる成果は何か。

それらを見極めることは、**仕事の本質を整理し、優先順位を見極めるということです。**些末《さまつ》なことは後で考えることにして、**まずは本当に大事なことだけを見るようにする**のです。

物事の最小がわかると物事の効率が上がる

たとえば、私が運営しているNPO法人の「失敗学会」は、いかにコストを小さくするかが常に重要な課題です。このコストは、お金ももちろんそうですが、人手という意味も含んでいます。

2002年に立ち上げ、現在の会員数は当時とは比べものにならないくらいに増えました。しかし今、運営のコストは立ち上げ当時とほとんど変わらず、実質0・5人程度で回しています。

立ち上げたときに優秀なプログラマーに手伝ってもらって、会員管理、イベント案内、総会の投票システムまで、会員サービスや事務作業については、思いつくものすべてをツールとしてつくり上げたからです。おかげで人の手がかかるのは最小限。多くの手順が半自動でスイスイこなされます。

さらに、1章でお話しした通り、ミスをするのは人間だけ。その人間がほとんど関わらない分、失敗学会ではミスは滅多に起こらず、仮にミスが起こったとしても、**「どのようなやり方に変えれば、そのミスを繰り返さなくて済むのか」**という検証と改善がすぐに働きます。

それで、ますますミスのない組織へと育っていくのです。

物事の最小がわかると時間の使い方がうまくなる

手間とコストに関しては、皆さんにひとつ、認識を改めていただきたいことがあります。

これまでは「手間をかけた分だけコストが下がる」というのが一般的でした。たとえば、印刷所に原稿を渡して複製をつくってもらえば高くつくけれども、自分でコピー機を操作して複製をつくれば、経費をかなり浮かすことができる、などの発想です。

しかし最近は、そうともいえないものも増えています。

たとえば銀行振り込み。インターネットで行なえば24時間、いつでも操作ができて手数料は200円程度ですが、銀行窓口まで行けば9〜15時までと時間制限つきで、500円程度の手数料、さらに行きと帰りの移動の工数がかかります。

そう、**「面倒なことをやればコスト削減になる」というのは、今や錯覚に過ぎない**のです。

また、「残業や長時間労働は美徳」とされてきた時代はとっくに過ぎ去りましたから、ビジネスパーソン一人あたりの仕事にかけられる時間も有限です。それを思えば、**多少のコスト削減のために手間をかければ、かえって高くつく**ことにもなりかねません。

国際会議などではよく、「100年後の世界はどうなっているか」ということが面白おかしく語られています。たとえば「アメリカは、訴訟に疲弊して滅びる」といった具合です。その説によると、「日本は、手続きが煩雑すぎて、コスト競争に負ける」でした。何とも、日本のことをよくわかっている人のジョークだと思います。

どうすれば、コストと時間を最小限に抑えることができるのか。

それを考えることは、**本当に大切なものに力を注ぐための、大事なプロセス**です。大切な事柄に注力をすることが、ひいてはミスや失敗を防ぐための手立てであるというのは言うまでもありません。

ぜひ、漫然とかけてきた「人手のかかるプロセス」「手間」を、これを機に見直してみてください。

Action ❽

コストを最小限にすると、ミスも最少になる。
その過程で見えてくる「本当に大事なこと」に、全力を注ごう。

9

築いた信用を守るコツ

共有のカレンダーで、ダブルブッキングを撲滅

日々の仕事の中で、私が一番恐れているミスは、実は「ダブルブッキング」です。

言うまでもなく、離れた2カ所に同時に自分がいる約束を自分でしてしまうことです。自分のクローンがいてくれたら、との思いが一瞬頭をよぎりますが、そんなことを考えても時間の無駄。どちらの日取りを変更できるか、どちらもできなければどちらをドタキャンするかを即座に判断し、平身低頭、謝らなければならないという現実に引き戻されます。

なぜ私がそこまで「ダブルブッキング」を恐れているか。それは、日取りを変更してもらうにしてもドタキャンするにしても、どちらも相手に多大な迷惑をかけてしま

うからです。

また、二つの誘いを見比べてどちらか一方をキャンセルすれば、その方に対する信用はがた落ちです。**ビジネスの世界では、いったん信用を落とすとそれを取り戻すのには10倍もの労力がかかる**といわれますから、ダブルブッキングは重大問題でしょう。

私は半ば自営業のように複数の仕事を掛け持ちしています。そこで最近はウェブ上でスケジュールを管理し、それを身近な人（仕事仲間や事務担当者など）とまるごと共有してしまうことにしました。

すると、**出先で急に入った予定も、すぐに全員が目にするカレンダーにアップデートされる**のです。予定の変更もしやすいですし、電話やメールでいちいちお知らせする必要もありません。「後で連絡しよう」と思ったのに、何か面白いことについ夢中になって、連絡し忘れるという失敗がまったくなくなりました。

私が使っているスケジュール管理のツールは自前で設計したもので、ガラケーだけでも十分に使えるものです。ミーティングから会食の予定、クリニックの定期検査、パスポートや運転免許証の更新期限まで、入れた予定は何でもカレンダーにアップされます。プライベートなものと共有するものとの区別もでき、46ページで紹介した「データは1カ所で保存」の原則も守っています。

さらに、仕事仲間でスケジュールを共有する習慣がつけば、仲間内で急遽《きゅうきょ》打ち合わせが必要になったときにも、簡単にセッティングができます。忙しい人ほど、ダブルブッキングを防ぐ意味でも、スケジュールの共有を心がけてみてはいかがでしょうか。

Action❾

仕事仲間とは、スケジュールを共有する。

10

記憶に頼るのをやめる

覚え違い、ど忘れ……失敗やミスが多い人の意外な共通点

仕事・プライベートに関係なく、オンラインで申請や手続きをできるものが増えました。たとえば外部のイベントや旅行の申し込みだけでなく、経費の精算やデータの閲覧なども、オンラインで手続きできるようになっています。

いちいちアポをとったり、その場に移動したりする手間が省けて便利ですし、一つひとつの手続きは簡単です。しかしその反面、よく使う申し込み手順であってもリストの中からいちいち選んで、手順を踏まなければいけないというデメリットもあります。

特に私のように、いろいろな組織に出入りをして、日替わりで訪問しているような

人間は、それぞれの手順を覚えるのもひと苦労だったりします。

皆のためにデザインされたトップページはあるのですが、**誰でも使えるようにつくられたトップページは、情報量が多すぎます。**それで、自分が見つけたいページがどこにあるのか、いつも忘れていちいち検索しないと出てこないのです。**皆のためにつくられたものは、皆の折り合い点に狙いをつけたものです。自分がよく使う機能や情報を、わかりやすく配置してあるものではありません。**

「皆のため」のものを、「自分のため」につくり直す

そんなときには、**自分のためのトップページをつくりましょう。**簡単なのは、インターネットのブックマーク機能を使って、よくアクセスするページをオンライン上でひとまとめにしてしまう方法です。

Ｇｏｏｇｌｅなどのブラウザに、自分のアカウントをつくってログインすれば、どこからでも自分のブックマークにアクセスすることができます。自宅でも職場でも、ホテルのパソコンでも関係ありません。

仕事とプライベートでアカウントを共有するのに抵抗がある場合には、アカウントを別名義でもう一つつくってしまうのも一案でしょう。Ｇｏｏｇｌｅであれば、一人でいくつものアカウントを持つことができます。

こうしてつくったブックマークに、毎朝確認する情報などを「すべて1カ所にまとめて」おけば、チェックし忘れなども防ぐことができます。

ほんの数分でできる簡単な工夫ですので、まだ実践していない人は、ぜひ試してみてください。

Action ⓾

記憶しておくべきことを最小限に留める。

column

世界のエリートが大切にする「仕事の基本」

さらに便利よく、アクセスするページをまとめておきたい、という場合は、自分だけのトップページをつくることをオススメします。

つくり方は簡単で、ＨＴＭＬを使います。図にサンプルがありますが、難しいことを覚える必要はありません。ワードパッドでこのファイルを編集し、保存すればいいのです。

覚えておきたいリンクがあれば、「< a href=」で始まる行をごっそりコピペして、アドレスと表記（サンプルではGoogle, Bunkyosha, Shippai-gakkai)

```
<html>
<head>
</head>
<body>
<a href=http://www.google.co.jp/>Google</a><br>
<a href=http://www.bunkyosha.com/>Bunkyosha</a><br>
<a href=http://www.shippai.org/>Shippai-gakkai</a><br>
</body>
</html>
```

を書き換えていきます。このワードパッドの拡張子を「.html」にして保存すれば、後は、ダブルクリックするだけで立ち上がります。

このようにＨＴＭＬサイトをつくることは、ただ単に、「目的のサイトにすぐ辿り着くしくみをつくる」というだけではありません。世界に情報革命をもたらしたインターネットの基本を知ることで、情報発信ということの根本を体感できるのです。

根本を体感できれば、そこから先への進歩は決して難しいことではありません。色をつけたい、表にしたい、日本語を使いたい、画像を入れたいなど、その都度《つど》浮かんできた希望に応じて、インターネットで調べてみれば、いくらでも回答は得られます。あるいは、「こんなサイトにしたい」というページで右クリックをして「ソースの表示」を選択し、表示されたソースコードをごっそりコピーしてくれれば、それをもとに自分のサイトを思いのままに変えられます。

このような「面倒くさいこと」をあえて皆さんにオススメするのには、理由があります。スタンフォード大学の設計部門では、一般の学生に対して、ＨＴＭＬを使ってネットに成果を掲示させるのが基本です。自分でＨＴＭＬを学んで掲載してはじめて、課題提出と認められるわけです。

また、私がアメリカで事務所を構えていたとき、そこでアルバイトをしていた学生がＧｏｏｇｌｅに入社しました。その女性はマーケティング部門に採用されたのですが、数カ月後に会ったとき、ＨＴＭＬを最初から自分で書くことを徹底的に叩き込まれていました。彼女の業務で直接ＨＴＭＬを書く必要がなくても、情報発信ツールのマーケティングのために学ぶ必要があったのです。

インターネットの基本を知ることが、世界の最先端であるための最低限の条件だというのは、言うまでもありません。日本人は何かと専門家や業者に任せがちですが、それゆえに業務の効率化が進まなくなっているとさえ思います。

自分だけのトップページをつくって、仕事の効率化を目指すとともに、大きな目で見た競争力を蓄えていく。ＨＴＭＬを自作することから、これからの生き残りのための重要な学習が始まるのです。

4章

メールを制する者が、ビジネスを制する

11

予定管理・メモ・思いやり……やっぱりすごいメールの実力

改めて学ぶ「メールの賢い使い方」

ビジネスをする人が、今やほぼ全員使うといってもいいほど普及した「メール」。誰もが使えるこのツールの活用の幅を広げると、様々なミスを防ぐことができます。

予定管理のツールとしてのメール

92ページで、共用のカレンダーでスケジュール管理をしているという話をしました。そのカレンダーは自分で開発したものなので、欲しい機能を自由に追加することができます。

そこで、今から10年ほど前に私が追加したのが、「リマインダメールの機能」です。

予定が近づくと、あらかじめ登録したメールアドレスにリマインダが送信されるようにしました。すると、これがとても便利なのです。パソコンと携帯の両方にメールが届くように設定してあるので、外出していようと関係なく予定を知らせてくれます。

これまで何度、予定の30分前にセットしたリマインダで携帯にメールが届き、あわてて移動したか、数え切れません。

今ではGoogleカレンダーなどでもリマインダ機能が加わり、**予定を入れて設定をしておくだけで、告知してくれるようになりました。**ほかにも日々便利なツールは開発されているようですから、スケジュール管理に役立ててみてはいかがでしょうか。

メモとして利用する

もうひとつ、**メールはメモツールとして活用するのも便利**です。出先に限らず、会話の中で、ちょっと頼み事をされることがあるでしょう。そのときに、自分で自分宛にメールを打つのです。
すると、次にメール画面を開いたときには「未読メッセージ」がありますから、必ず思い出すことができます。

記憶装置&相手への思いやり

少し前、メールの普及に対する揶揄《やゆ》として、すぐ隣に座っている人にメールを送る行為を馬鹿にする人がいました。今ではもう、少なくとも私の周りではそういう人はいません。**ビジネスを円滑に進めるには、隣の人へのメールがとても大切だということが浸透してきた**からです。

隣の人へのメールが大切な理由の一つには、相手への思いやりがあります。たとえぼーっとしているように見えても、隣の人は深い考察の真っ只中かもしれません。相手に話しかけてよさそうなタイミングをはかるというのは、なかなか気を遣ってしまい、疲れるものですよね。

「今でしょ！」っていうのは簡単ですが、今じゃないことだってあるのです。自分のタイミングで相手に発信でき、その応対のタイミングは相手に任せられるという意味で、メールは思いやりのあるツールだと思います。

もう一つは、人の記憶と違って**メールは揺れ動かない**ことです。メールは、「あのとき、こう伝えた」という文面が証拠として残ります。曖昧《あいまい》な指示をしてくる人、指示が揺れ動きやすい人には、効果覿面《てきめん》です。

指示が出され、また変わりそうだなと思ったら、「すみません。先ほどの指示の確認ですが」で始まるメールを打ちましょう。なるべく下手《したて》に出て、「わからないので、教えてください！」という雰囲気を演出することを忘れずに。

記憶は揺れ動く、ということと関連して、**細かい数字の話や契約のやりとりなども、メールで行なうべき事柄**です。

デリケートなことはニュアンスを伝えたいから、対面や、せめて電話で話したいという気持ちもわかりますが、そういう事柄ほど、どういう経緯でそうなったのかを振

り返る機会が訪れやすいもの。そういうときに全員が、

「たしか、あのときは……」

なんて記憶を掘り起こしても埒《らち》が明きませんし、皆、自分に都合のいいように思い込んでいる可能性もあります。

メールではニュアンスが伝わらないということならば、対面や電話で話したうえで、

「備忘録として」

と、同じ内容をメールで共有しておくといいでしょう。

Action ⓫

メールを、自分・他人に対する記録＆管理ツールとして活用する。

12 仕事が速い人は皆、メールの整理・管理がうまい

メール管理力は仕事力の表れ

さて、前の項目では、メールの便利さについて述べました。

しかし、メールを多用することによる落とし穴もあります。

「必要なメールがとっさに出てこない」

「出先で、スマホでメールを読んで、後で返信をしようと思っていたのに忘れた」

「宛先を間違えた」

「添付ファイルを忘れた」

などのメールによるミスは後を絶ちません。そこでここからは、私流のメールの管理方法をお伝えします。初歩的なことから始めますので、必要なところだけ拾い読みしていただければと思います。

まずこの項目では、日々膨大に送られてくる受信メールへの対応法から始めましょう。

受信箱に溜《た》めない

メールはまず受信箱に届きます。その**メールは読み終わったら、さっさとフォルダ分けする**のが基本です。自分には直接関係がない、重要度が低いメールも、そういうメールを集めるフォルダをつくってしまうといいでしょう。

次に、フォルダのつくり方ですが、階層構造にします。私でいうと、最近では1日に50～200通ほどのメールが来ます。まずそれを、やりとりした「年」ごとに分けます。それから、大きな15個の分類に割り振って、その下に中分類をそれぞれ2～10個つくって対応しています。中分類によっては、さらに小分類に分ける場合もあります。

まず「年」別に分けるのは、10年以上経って見なくなったメールフォルダは、CD

かＤＶＤに焼いて保存し、ディスク上から消すようにしているからです。
たとえば、この本の執筆に関係するメールであれば、まず「２０１７年」というフォルダの中の「出版社」という大分類になり、次に「文響社」という中分類になる、といった具合です。このまま何冊も本を出し続けることになれば、さらにその下に小分類をつくって、本のタイトル別にメールを管理することになるかもしれません。

私はメールの管理をこのような形式でしていますが、このフォルダの分け方や扱い方は、日々やりとりするメールの数や相手の人数によっても変わってきます。また、発信者別に分けたほうが便利、という方もいるでしょう。

「受信箱にメールを入れっぱなしにしない」ということをルールとして、あとはご自分でやりやすいフォルダ管理の方法を考えてみてください。

即答できるメールは即答する

メールでの失敗をなくす二つめのポイントは、**返せるメールはすぐ返す、**ということです。その理由は簡単で、**即答しないでそのままにしておくと、次に開けたときに、また最初からメールを読んで回答することになります。この二度手間が、思考力と時間の無駄**だと思うのです。

また、メールを開いたのに返事をしない状態にしてしまうと、うっかり返信をし忘れることがあります。対応が難しい案件なら時間をおいて返事をしても許されることもありますが、**すぐに返せるような内容なのにむやみに時間をかけるのは、ビジネスパーソンとして失格**でしょう。

私はパソコンからしか仕事のメールを見ないと決めています。実はこう決めているからこそ、メールへの即答をしやすいということもあるでしょう。パソコンでしか仕事のメールを見ないということは、裏を返せばメールを見たときにはすぐ返事ができる、ということです。

スマホやタブレットなどを使って出先でメールを見たときは、つい「後で落ち着いて返事をしよう」と思いがちです。これがないので、管理もしやすいのです。

しかし一方で、こまめにメールを確認することを求められる人、外でも見ておいたほうが気持ちがラクだという人もいるでしょう。そういう方は、次のポイントを活用してください。

対応が残っているメールは、読んだ後でも未読にする

難しい案件ですぐに返事ができない、あるいは出先でメールを見て、返事しないままになっている。そういう案件は、**一度読んでも「未読」に設定し直しておく**といいでしょう。

たいていのメールサービスは「未読メール」は目立つように強調してくれます。その状態であれば、「うっかり返信し忘れた」ということを防げます。

受信箱の未読メールは常に25通までに留める

「未読メール」は目立つように強調されていますから、たくさんあるとそれはそれで落ち着かないものです。そこで、**未読メールは25通までに留める**ように心がけましょ

う。「25」の数に明確な理由はありませんが、私が試していく中で、ギリギリ漏れずに対応できるのがこのくらいでした。

「25」でなくても、ご自身の管理しやすい上限を設定して、それ以外のメールは読んですぐに対応するクセをつけましょう。

Action ⓬

受け取ったメールは「置きっぱなし」「読みっぱなし」「放りっぱなし」にはしない。

13

あなたの送ったメールが「相手のミス」の引き金に!?

受け取る人に親切なメールの書き方・送り方

メールはもちろん、受け取る一方ではありません。あなたから相手に送ることもあるでしょう。本項目は、「送信メール」に関するコツをお伝えします。

返信は全員に

相手から受け取ったメールに関しては、「全員に返信」が原則です。他社から来たメールの内容を社内で検討するときなどは別ですが、宛先に知らないアドレスがあるときも、「返信は全員に」を心がけましょう。

たとえ面識のない人が含まれていても、送り主がその人をCCに含めたのには、何か理由があるはずです。それなのにこちらが送信先を減らしてしまえば、相手に余計な手間をかけることになりかねません。

件名は本文に繰り返す

よく、件名に「●●の件」とつけ、本文では「表題の件ですが～」とメールを始める人がいます。しかし、あえて**本文でも「●●の件ですが」と繰り返したほうがいいでしょう。**

肝心のメールの内容を本文で省略すれば、読み手は目をあちらこちらに行ったり来たりさせなければなりません。そうした手間の分だけ、見落としやすれ違いが起こる可能性が高くなります。

メインの主題は3行以内に

メールは、言うまでもなく意思の伝達と記録にとても有効です。しかし、長すぎるメールはいけません。相手に対する気遣いが足りないと思うのです。

今の情報化社会において、私たちが処理しなければいけない情報やデータの量は非常に膨大です。「活字離れ」という言葉もありますが、パソコンやスマホの普及で、1日に接する活字の量は確実に増えているはずです。

ですから、メールなどの「用件を伝える文章」は、どれだけ簡潔に要点を伝えるかがキモです。それなのに、時節の挨拶《あいさつ》から始まり近況などがくどくどと続いたうえで、大切なお願いが文章末近くにあったりすると、正直、とてもイライラします。

感情面は置いておいたとしても、そのお願いは見逃される可能性も高いのではないでしょうか。

ミスを防ぐことを考えると、1通のメールには一つの内容。そして**3行以内に用件を記すこと**が重要です。

どうしても長くなりそうな場合には、3行以内に「○○と○○の件です」などと、内容を予告する。そうすれば、後から見返しても用件がすぐわかり、主題が見落とされることはありません。

ビジネスメールの文面を、最初から最後まで一字一字丹念に読む人はいません。そのことを考慮して、伝えたいことは3行めまでに書く習慣をつけましょう。

読みやすさを考えた改行を

メールは、読む人の画面の大きさやメールツールのシステムによって、1行あたりの文字数が違います。自分が打ったときにはわかりやすいように見えても、相手の画面だと読みにくくなってしまうことが、おうおうにして起こります。

改行や「。」「、」は自分で意図的に入れることを習慣にしましょう。

もとのメールは最後に全部引用

メールの引用機能を活用しましょう。該当部分がわかるように、**相手のメールを部分部分引用して返事をする**と、非常に円滑に話が進みます。

ただし、そうやって部分部分メールを引用していても、**最後にもう一度全部を引用**

しましょう。そうすると、過去のやりとりから必要な情報を探すとき、最新のメールだけを開けば辿っていけることになります。

特に、返事が「了解しました」「承知しました」などの簡略なもので済む場合には、もとのメールを引用しないのは厳禁。後々、何を了解したのかがわからなくなってしまいます。

半角カタカナ、㈱、①②③などの特殊文字は使用しない

先日、ある大手企業の営業担当者からおかしな話を聞きました。その会社では、「カタカナを打つ場合には必ず半角で」という社内ルールがあるというのです。

昔の、メールで扱えるデータ容量が限られていた頃の名残かもしれませんが、今の時代、半角カタカナや特殊な文字はメールでは原則不使用を徹底しましょう。

半角カタカナや特殊文字は、読み手のマシンによっては文字化けをして、そのメール全体が読めなくなってしまうこともあります。

確認が必要になれば効率が下がりますし、間違いも起こりやすくなります。「パソ

コンでないとメールが読めない」という時代ではないのですから、**相手がどんな状況でメールを開いても読めるようにしておく**のが、必要な配慮です。

半角英文字・ローマ字書きを活用する

これは、海外出張が多い人や、英語の設定になっているパソコンを使用している人がいる場合に特に気をつけるべきことですが、**メールのアドレス帳には、自分や相手の名前は半角英文字で登録**しておいたほうが賢明です。

送信者名に全角の日本語があると、英語設定のパソコンやウェブメールツールでは文字化けしてしまうことがあるからです。英語の設定でパソコンを使用している相手では、自分の名前が正しく日本語で表示されたとしても、意味不明の文字列にしか見えないのは当然です。

また、ファイルを添付するときも、基本的にファイル名は半角英文字・ローマ字書きがいいでしょう。

ファイル名が文字化けしてわからなくなってしまうリスクがあるうえ、拡張子まで壊れてファイルを開くのにひと手間必要になってしまうことがあります。

＊

以上、思いつく限りメールの使い方を紹介しました。
電子メールは、一つの課題に対して関係者が通信をし、その記録を残すためのものです。その役割を理解して活用していけば、自《おの》ずとメールに関連するミスは減っていくでしょう。

Action ⓭

読み手に優しいメールを書いて、すれ違いや伝達ミスを防ごう。

14

メールに添付すべきもの、添付してはいけないもの

何でもかんでも「添付」していないか？

メールに関連した失敗やミスを防ぐコツの最後に、「添付ファイル」について触れておきます。メールを扱い慣れている人でも、案外、添付ファイルに関しては、ルールやマナーがおざなりになっているように感じます。

まず、基本原則ですが、**やたらとメールに添付ファイルをつけるのは、メールの特性上NG**です。

特に、画像などならばともかく、本文に書いてもさほど変わらないようなテキストを添付ファイルにするのはやめましょう。

それは、「添付ファイルを開くのが面倒くさい」などの理由もありますが、後々になって差がはっきりと表れる、ある性質によります。

本文に書けば検索機能が働く

まず簡単なほうから説明しましょう。皆さんが利用しているメールのツールは、ほとんどに**検索機能**がついています。

やりとりした相手の名前はもちろん、たとえば、

「来月のイベントはたしか秋葉原だったはずだけど、何日の何時からだっけ」

などというおぼろげな記憶でも、「秋葉原」という文字列がメール本文にあれば、それで検索ができるのです。

一方、添付ファイル内のことだとそうはいきません。一つひとつファイルを開いていく手間が発生するのです。メールソフトの中には、添付ファイルの中身をも検索するものもありますが、コンピュータのリソース（持っている能力）を大量に使って添付ファイルをいちいち開けているため、検索に時間がかかります。

添付ファイルの最新が混乱しやすい

これは、46ページでお話しした通りです。一つの文書を同じ名前でやりとりしていると、いずれ、どのファイルが最新のものか、わからなくなるトラブルが起こります。文書ファイルを共有する際は、メール添付ではなく、オンラインストレージサービスを利用しましょう。

「添付ミス」「添付ファイル間違い」など、添付ファイルは凡ミスの温床

添付ファイルは、送る側も一度ファイルを開かないと、内容を確認することができません。そのため、**そもそも添付し忘れたり、添付したファイルが間違っていたりすることも起こります。**また、送受信の際にデータが壊れてしまうことも起こりえます。

それらを根本的に防ぐ意味でも、添付ファイルの使用は、本当に必要なときに限ったほうがいいでしょう。

メール本文のほうが、データ量が小さい

今は、サーバーが改良され、扱えるデータ量が大幅にアップしましたので、メールサーバーの容量がいっぱいになってしまうトラブルは激減しました。

しかし、メールは日々、何十通何百通と使うもの。1通1通の容量はたいしたことがなくても、塵《ちり》も積もれば山となっていきます。この観点で考えると、**メール1通あたりのデータ量は小さいほうがいい、**といえるでしょう。

具体的に見ていきましょう。メールにおける日本語1文字は、2バイトの記憶容量を使います。四〇〇字詰め原稿用紙で800バイトです。

なぜわざわざ1文字に2バイトが充てられているかというと、私たちが日頃使用する文字数が多いからです。

1バイトは8ビットですから、2進法で2の8乗＝256個の文字を表現できます。でも、日本語は平仮名だけで約50文字、カタカナも同数ありますから、それに漢字を加えると256文字では足りません。それで、1文字に2バイトを使っているのです。

2バイトを使えば、表現できる文字は256の2乗＝65536文字になります。

一方、ワードで400字の文章を打った場合の記憶容量は？

ワード形式で保存すると、素の状態で12キロバイトです。メール本文に打った場合には800バイトでしたから、そのおよそ15倍の容量を必要としてしまうのです。

なお、ワードパッドなら比較的情報量が少ないため、同じ量の文字数でも4キロバイトで済みますが、これでもメール本文の場合と比べて5倍の容量が必要です。

つまり、**添付ファイルをつければ、すぐにメールの容量は膨大になってしまいます。**容量削減のために過去の添付ファイルを消すなどの措置をとらなければならず、この手間がまたミスの温床になるでしょう。保存すべきものを誤って消してしまうことにもつながります。

必要なもの以外は添付しない。この原則を守ることが、メールを記録媒体として活用するためにも不可欠なのです。

コンピュータウイルスのリスクが下がる

世の中には、悪質なコンピュータウイルスがはびこっています。メールに添付されたファイルを開くだけで、気づかないうちにパソコンに保管された情報が盗まれてしまう、というものも少なくありません。さらに、そのウイルスに感染したパソコンから送られたメールの添付ファイルを開いた人が、同じ症状に陥ってしまうこともあるほどです。メール本文に書く、オンラインストレージを利用する方法に切り替えれば、そのリスクは下がります。

添付ファイルはたしかに便利ですが、やはり利用は限定するほうが賢明です。

Action 14

伝えたい言葉は添付でなく、なるべく本文に。

column

現代人は皆、二宮金次郎より勤勉!?

私が小学生だった頃、どの学校にも二宮金次郎の像がありました。「薪《たきぎ》を背に歩きながら本を読んでいる子ども」といえば、今の人でもわかるのではないでしょうか。当時は、勤勉の象徴として、大いに見習いなさいと言われたものでした。

今、世の中は二宮金次郎で溢れかえっています。誰もがスマホを片手に、熱心に情報収集をしながら歩いています。薪を背負っている人はさすがにいませんが、字面《じづら》を追うことに没頭している姿は、あの銅像にそっくりだと思います（真似をすると危険だということで、この像は今、撤去されつつあるようですが）。

私の常時携行品に携帯電話があると先に書きましたが、それはガラケーであって、スマホでは決してありません。理由は二つあります。

　まず、スマホを持ってしまうことで、1日の仕事を終えたプライベートの時間でも、その気になれば、仕事関連のメールを読むことができてしまう。それを避けるためです。

「知恵職のフリーター」を自負している私は、いろいろなところでいろいろな方々と、土日や盆暮れ、正月も関係なく仕事をしています。

と、このように説明をすると、「大変ですね」と目を丸くされますが、そこは発想の転換です。毎日を休日のように過ごすべく、仕事中以外の時間——たとえば夜は、まったく仕事のことを忘れて過ごすのです。

　どこへ行っても仕事の話はしませんし、宴会などで仕事の話が始まれば、そっとその場を離れます。社会人として優秀とはいえないかもしれませんね。そのプライベートに仕事を持ち込まない手段が、スマホを持たないということなのです。

「すみません、ガラケーしかないので、メールを読むのは明朝になります」

なんと便利な言い訳でしょう。ものの非力を借りて、自分を守っているのです。

　ここまでではなくても、最近、ＳＮＳのしすぎで疲れている人も多いと聞きます。

「Ｆａｃｅｂｏｏｋはやっていないので、連絡はメールでお願いします」
「ＬＩＮＥのアカウントはないので、こちらにご連絡いただけますか」
自分がうまく距離を取れないものは、思い切って遠ざける。これも現代の処世術だと思います。

さて、二宮金次郎の話に戻りましょう。今や電車に乗ると、老いも若きも一億総金次郎じゃないかと目を疑うことがありますが、その風潮を批判する向きもいます。肩こり、視力の問題もあれば、「何でも検索すればいいという考えはかえって頭が悪くなる」など。私自身は、肩こりの問題はたしかにそうかなと思いますが、それ以外はちょっと言いがかりに近いようにも思います。「グーグル効果」「デジタル健忘症」などといわれる現象はありますが、頭が悪くなることとは違うでしょう。

これらの問題が起こるのは、機械側のインターフェースが今はまだ十分に成熟していないからです。だから、人間のほうから歩み寄って、機械の持つ稚拙《ちせつ》なしくみに目と指を貸すしかない。今後は人間に合わせて機械が変わっていくことになるはずです。

5章

自分のパフォーマンスを最大まで高める仕事術

15

「知らないこと」への正しい対処法

調べるor人に聞く――「できる人」が選ぶのはどっち？

98ページではHTMLの話をしました。日本は、コンピュータやインターネットの基本において、先進国の中ではかなりレベルが低いほうだと思います。

「ミスをなくして仕事をスピード化するための本なのに、プログラムのソースコードを、なんで知らないといけないの？」と思われた方も多いでしょう。

そう思われた方に、ここでちょっと質問です。HTMLがわからない、難しいと感じた後、どのように対処しましたか？

とりあえず本を読み進めた方、手元のパソコンやスマホでちょっと調べた方、本自体読むのをやめた方（は、このページを見ることはありませんが）……と、いろいろな方がいると思います。

実は、この**「知らないこと」にどう対処するか**が、仕事におけるスピードアップとミスの削減に、大いに関連しています。いわゆる「できる人」ほど、わからない言葉や概念に出合ったときには自分で調べる、ということをしているのです。それには、手っ取り早くＧｏｏｇｌｅなどで検索する、ということも含みます。

失敗をしない人は、総じて好奇心が旺盛《おうせい》です。また、知らないことに出合うたびに積極的に調べ、新しい概念を理解することで、それまで考えもしなかった新しい解決法が見えてくることもあるのでしょう。

こまめな検索を通して言葉を正確に理解する習慣がつけば、**意思疎通のミスによる失敗も減らすことになる**でしょう。

Ｇｏｏｇｌｅで英語力を上げる方法

ところで、Ｇｏｏｇｌｅなどの検索エンジンは、知らないことをただ調べるために使えるだけではありません。英語が苦手な人のサポートとしても働いてくれるのです。
翻訳ツールを使ったとき、あるいは自分で英文を考えたとき、その英文をダブルクォート（“　”）で括《くく》ってＧｏｏｇｌｅなどにコピペして検索してみましょう。
結果、**英語ページのヒットがなかったり、出てくるページが「～.jp」というアドレスのものしかなかったら、「そんな言い回しは英語圏ではやらない」**ということです。もう一度考え直すか、同じような内容の英語ページを探して、そこでの表現を真似することをオススメします。

「知らない」ということは、別の見方をすれば、新しい知識を身につけて、新たなジャンプアップをするチャンスでもあります。多少の時間をかけて、好奇心を満たすべく努力をしてください。

Action 15

知らないことを恥じる前に、Ｇｏｏｇｌｅで聞いてしまおう。

16

抱えすぎない、滞らせない「仕事量」の管理法

だから、「業量オーバーはありえない」と断言できる

前述のように、私はいくつかの仕事を掛け持ちしています。それで、いろいろな方の仕事ぶりを見る機会がありますが、やはり、どんな組織に所属していても、ただ一つの仕事をずっとやっている人というのは、稀《まれ》なもの。皆さん、いくつもの仕事を掛け持ちし、同時並行で取り組んでいます。

しかし、**同時進行でいろいろな仕事を進めるのが苦手な人も少なくない**ようで、いくつもの案件を抱えた結果、締め切りを過ぎてしまったり、普段ならしないようなケアレスミスをしてしまうという話もよく聞きます。

また、いくつかの組織と仕事をしていると、バタバタしてミスの多いところと、落

ち着きがあって滅多にミスをしないところに分かれることに気がつきます。**忙しくしていても、ミスが起こらない。あるいは、誰かがミスをしてもそこからの復帰が早い。**これが、「できる組織」の条件ともいえるでしょう。

私の分析では、ミスの少ない組織は、仕事の配分が的確で、一人ひとりの業量がうまく管理されています。だから、一人のミスも周りが有機的にフォローでき、前に進んでいくことができるのです。

一方、ミスの多い組織というのは、業量が集中していることが多いもの。全体の業量が多すぎるのか、配分がうまくいっていないのか、担当者の能力が追いついていないのか、いつでもバタバタしていて、急な小事に対応できないのです。

言うまでもなく、抱えられる仕事量には、限度があります。それを超えればパニックになるのは当たり前です。

「仕事量が多すぎる」はありえない

「それなら、今、自分に割り振られている仕事の量が多すぎます！」

と思った方、でも、そんなことはありません。上司から任せられる仕事の業量は、個人の能力に合わせてあるはずです。言い換えれば、**ミスなく上手に組み立てれば、仕事を抱え込まずに済む**のです。

「もし間に合わないようなら、組み立て方に問題があるはずだ」と考えることが、仕事のミスをなくす近道といえるでしょう（ただし、上司が仕事を割り振る際に、あらかじめ残業や休日出勤を見込んでいることがあります。その場合は、うまく仕事を組み立てても、その分だけ仕事が増えていくことになり、異動や転職などで環境を変えない限り、状況が改善されることはありません）。

あるいはたとえこなせない量が割り振られたとしても、そのときには「あなたがもし、その仕事を納期までに終えられなかったら」という前提でリスクヘッジがなされています。それができるから、あなたの上司は「上司」という役割に就いているのです。抱えている仕事のすべてが、遅れたらそこで手遅れ、ということはありえません。

まずは上手に仕事を組み立てること。そして、「結果的にできなかった」という事態をなるべくなくし、**できるかできないかの的確な判断を前もってしていく**こと。

これが、「割り振られた仕事をこなせず、評価を落とす」「できないヤツだと思われる」という事態（＝広い意味での仕事上の失敗）を回避するコツです。

仕事量は「時間」で捉えよう

仕事を上手に組み立てるために、仕事を割り振られる立場にある人こそ、日頃から**「自分の工数」を数える**ようにしましょう。

それは、**仕事を依頼された時点で、その仕事にどれだけの時間がかかりそうかを何となく考えておく、**ということです。

私が独立したときは技術翻訳（専門的な内容の書類を翻訳する仕事）から始めました。最初の頃は来るものは拒《こば》まず。文字数を丁寧に数え、見積もりを計算することから始めていたので、1件あたり、かなりの時間をかけていました（当時は、「文字カウント」という便利な機能がなかったのです）。それはたしかに手間でしたが、そのおかげで原稿をざっと見れば、だいたいの文字数と、翻訳にかかる時間がつかめるようになりました。

すると、格段に「自分がすべき仕事」の管理がラクになったのです。細かい仕事が溜まってしまったときでも、それぞれの所要時間をだいたいつかめているので、パニックになることもなくなりました。

こうして自分の工数を数え、予測することができるようなれば、何か仕事を依頼されたときに、

「それは時間内には無理ですね、○○までなら何とか」

と自分が引き受ける仕事に責任を持てるようになります。このような対応をされれば、上司としても「この仕事は急ぎだから最優先で。前に頼んだ仕事は延ばしていいよ」など、調整せざるをえません。仕事の過度な集中を防げるはずです。

ただし、どんなに無理な仕事を依頼されたとしても、

「それはできません」

「無理です」

など、ただ断るだけの返事はNGです。会社員など、組織に雇われている身であれば、振られた仕事はやらなければいけません。ただ断るのではなく、

「ほかの案件が立て込んでいるので、3日後までなら」

など、期限の提案をしましょう。あるいは、知らないことを振られたならば、自分がそれを習得するまでの時間の検討をつけて、

「2カ月後なら、大丈夫です」

と見積もるのです。すると、急ぎの仕事ならば依頼者は諦めたり、ほかのリソースを探したり、自分で対応したり、と方針を転換するでしょう。

こうして、**あなたが業量を抱えすぎて失敗しないための道筋を整えていく**のです。

工数を数えるコツ

本項目のキモが、工数の数え方にあるのは言うまでもありませんね。

うまく工数を把握する方法は？　というと、同時に抱えられる仕事の本数が人によって違うように、人により、また仕事の内容により、千差万別としか言いようがあ

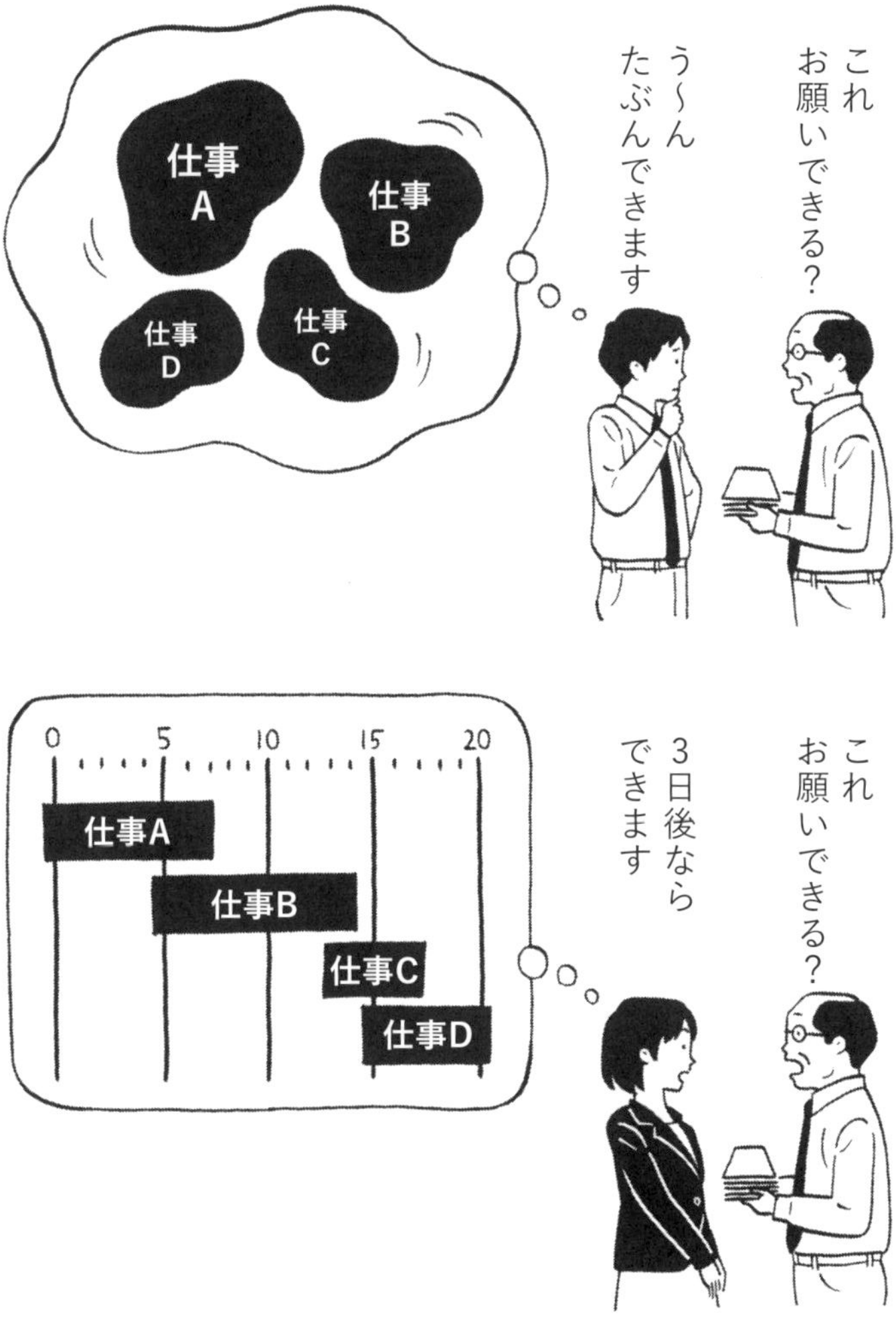

工数は「かかる時間」で捉えよう

りません。とにかく、まずは予測を立ててみるしかないのです。

最初のうちはその予測ははずれるかもしれませんが、繰り返していくうちに、ほとんど誤差なく計算できるようになります。あるいは、**依頼をしてきた人に、「この仕事はどのくらいの時間がかかると思いますか?」**と尋ねてしまうのも妙手です。

また、仕事には突発的な作業が必ずありますから、**少し余裕を持たせる**のがコツです。余裕の幅もケースバイケースですが、**「2倍以上持たせたら多すぎ」**という認識でいいと思います。

Action ⑯

頼まれた仕事は「かかる時間」で管理する。

17

「いつもの業務」に潜む、意外な「時間泥棒」

マルチタスキングは賢く使おう

繰り返しになりますが、私はいろいろな組織と仕事をしています。ですから、いくつかの仕事を同時並行で行なうことも多くあります。でも、**どんなに数多くの仕事を抱えていても、集中していることは、一時にはたった一つ。**右手と左手で違うことをするような、そんな仕事はできません。

今、コンピュータは大変便利なもので、いくつもの案件を画面上に開いたままにできるようになりました。

メール画面とワードの画面、エクセルの画面、パワーポイントの画面とインターネットブラウザの画面……など、いくつもの画面をデスクトップに開いたまま、あの仕事、この仕事とジャンプすることができるのです。また、インターネットブラウザの画面ひとつとっても、その中でいくつものサイトを「いつでも見られる状態のまま、保っておく」ことができます。これを「マルチタスキング」といいます。

でも、私はこの**コンピュータの「マルチタスキング」の機能は、なるべく使わないほうがいい**と思っています。ワードで作業をしながら、来たメールにその都度返事をする……なんて器用な切り替えができないからです。

作業に集中しているときにでも、メールがくればそれに返信したくなってしまいますし、読むだけ読んで「後で」と置いておくと、そのまま忘れてしまうかもしれません。それに、何度も同じメールを読むのも馬鹿馬鹿しいと思います。

メールで送られてくることは、たいてい、一刻を争う急ぎの案件ということはありません。一つひとつの仕事に集中し、最短時間でミスなく仕事をこなすためにも、マルチタスキングはしないことをオススメします。

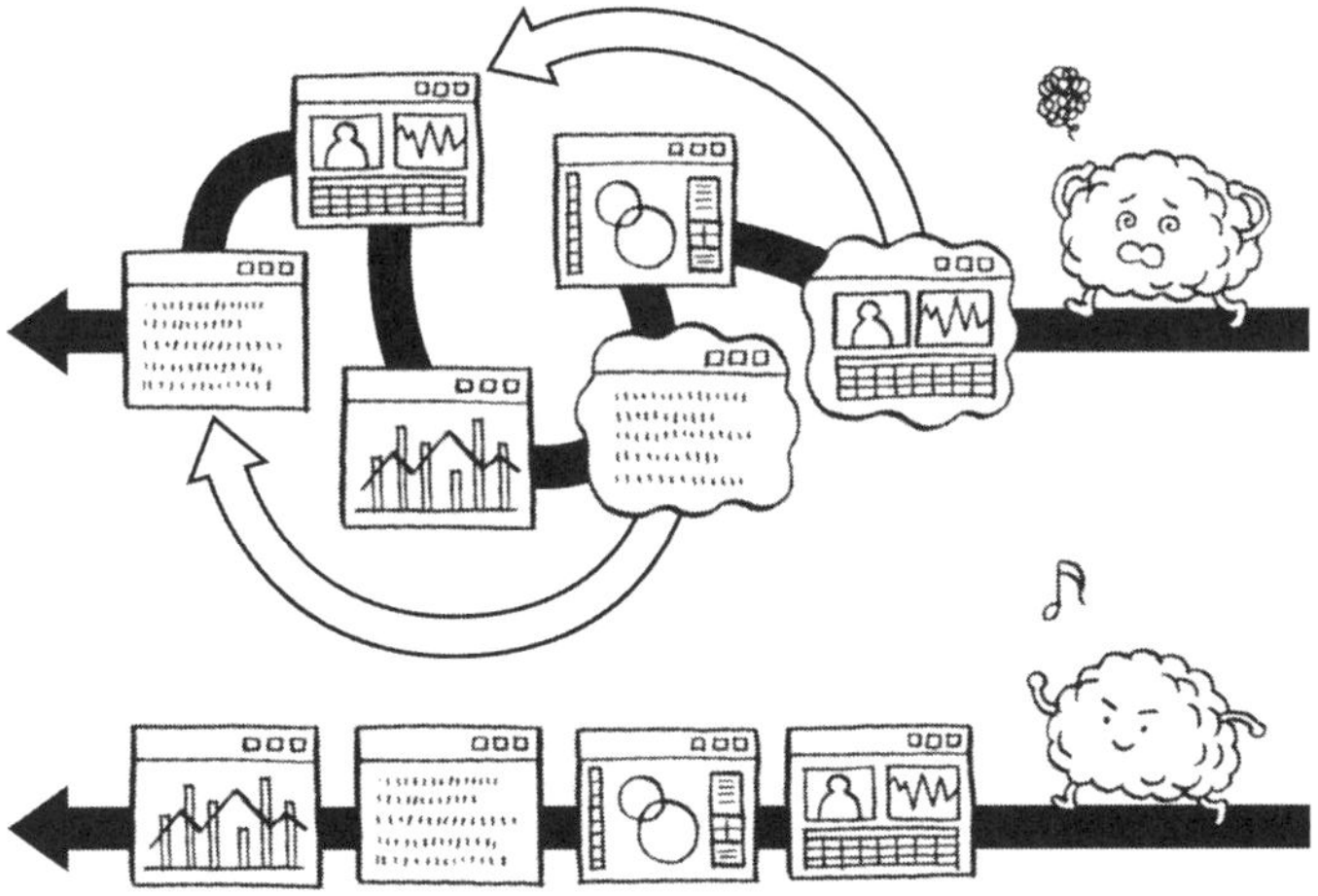

マルチタスキングが仕事を複雑化している!?

マルチタスキングの上級活用法

ただし、ときには「マルチタスキング」のほうがうまくいくことがあります。それは、**脳の働きが違う仕事を組み合わせる**場合です。

仕事は大きく、「何かを整理したり、調整したりする仕事」と「何かをつくり出す仕事」に分かれます。前者でいうと、たとえば経理だったり報告書の作成だったり、あるいは起こったことの分析だったり、以前の仕事の修正が該当します。

後者は、私なら新しい機能のプログラミングや原稿の執筆、大学の授業や講演などです。

もちろん、すべての仕事がどちらかにきっちり分かれるわけではありませんが、何となく分けることができるでしょう。

オススメなのが、「整理したり調整したりする仕事」と「つくり出す仕事」、それぞれ一つずつを合わせる方法です。

「つくり出す仕事」は、一度調子が乗ってくればテンポよく進みますが、反対に行き詰まることも少なくありません。しばらく時間をかけてもいいアイデアが浮かばなければ、そのときにサッと「整理したり調整したりする仕事」を取り出すのです。たとえばプログラミングでちょっと行き詰まったら、出席したイベントの報告書をまとめ直す……こんな組み合わせが最高です。

うまくアイデアが浮かばないとき、私たちの思考は脳の中の袋小路にはまり込んで、動きがとれなくなっています。そこで、脳の違うところを運動させ、凝り固まった思考の壁をほぐしてやる——そんなイメージです。

一方、「整理したり調整したりする仕事」は行き詰まることはありません。あるとすれば、脳が単純な作業に飽きてしまうということです。

そんなときは、自分にご褒美《ほうび》を設定して、何とか集中力を喚起しましょう。そうして一気に片づけた後、少し寝かせてから見直すようにすれば、作業の単純さからくるちょっとしたミスも発見できるでしょう。

自分の脳をどう使うか、どう気分転換するか。それを考えるのも、最短時間で正確な仕事をするための大切なプロセスなのです。

Action ⑰

組み合わせるなら「生み出す仕事」と「単純作業の仕事」を一つずつ。
それ以外のマルチタスキングは、今すぐやめること。

18

仕事に活かすべき「野生の勘」とは？

時間、方位に敏感であれ！

私たちの身の回りには、便利なものがたくさんあります。本書でも、ITをはじめとするたくさんのツールやアイデアを紹介してきました。

これらを使うことは大いにけっこう。どんどん使って仕事のスピードを上げていただければと思います。でも、ツールに頼ることには、少なからず欠点もあります。

その中でも、私が特に無視できないと感じるのは、**「勘が鈍くなる」**ことです。

たとえば、今がだいたい何時かわかりますか？　どの方角が北か、感覚的にわかりますか？　何となくでいいので、予想してみてください。

大筋、あたったでしょうか？　それとも、はずれてしまいましたか？

時間を知りたいと思えば、ちらりと腕時計を見ればいい。パソコン画面の端にも、携帯やスマホにも、時刻の表示はあるでしょう。ちょっと道に迷ったら、GPSを起動して地図上に自分の居場所と目的地を確認すれば、ナビゲートしてくれるでしょう。

たしかに機械に頼れば必要な情報を得ることができます。でも、「時間の感覚」「空間の感覚」といった**「感覚《センス》」の部分は機械では補えません。機械に頼ってばかりいると、「センス」が失われていってしまう**のです。

たとえば、時計に頼り切っていれば体内時計は働きませんから、

「この仕事は30分でやろう」

といったペース配分の質が下がるでしょう。没頭して仕事をしていたら、いつの間にか約束の時間を過ぎていた、なんて失敗も起こりやすくなると思います。

このように、外部の装置にばかり頼っていると、「仕事の勘」も働かなくなります。機械は壊れることがありますから、もし自分が頼り切っているマシンが機能しなくなったら、その機械が提供していた情報については、まったく見当もつかないという

情けない状態に陥ってしまうのです。

また、人との付き合いにも「勘」は必要です。相手の好みや価値観は「勘」でしか捉えられません。そういった察しのよさ——「人間関係の勘」も、ツールに頼っているうちに鈍ってしまうでしょう。

勘の鋭さを取り戻すトレーニング

そこで、私は今密かに、勘を取り戻す訓練をしています。といっても、その方法は非常に簡単です。

時計を見ようと思ったら、まず「何時だと思うか」を予想します。

見知らぬ街に行ったら、「目的地がどっちの方向にあるか」を、地図を見ないで見当をつけます。

あるいは、「今、気温や室温が何度くらいなのか」と予想してみます。

はじめのうちは大きくはずれてしまいますが、回数を重ねると、精度が上がっていきます。繰り返しているうちに、どんなに作業に熱中していても、だいたい何時かがわかるようになるのです。

「勘の鋭さ」や「察しのよさ」は、特定の分野だけに発揮されるものではありませんから、こうした訓練で鍛えておけば、失敗の芽に早めに気づいて摘み取ることもできるでしょう。

ぜひあなたも、失われた勘を取り戻す小さなクイズを、自分に出してみてください。

Action ⑱

「今、何時？」「北はどっち？」「今、何度？」自分にクイズを出してみよう。

6章

「ずば抜けた仕事」の決め手となる人間関係とコミュニケーションのコツ

19

「伝達の度合い」が仕事の出来を8割変える

人間関係を円滑にする理系思考の使い方

仕事でのミスや、思いがけない時間のロスの多くは、人との関係で起こります。

上司の指示を勘違いした。チーム内の役割を果たせなかった。いつも自分が行なっている連絡をつい忘れた……などです。たとえば仕事の納期ひとつとっても、次のような失敗をしたことがある人も多いと思います。

「3日前に頼んでた資料、もうできてるかな？　1時間後の会議で使うんだけど」
「今日までって言われてた資料ですよね。……え！　今日までって、今日中じゃないんですか!?　……今から30分でやります」

というような食い違いです。この食い違い自体はちょっとしたことに思えるかもしれませんが、これが重要な取引先との会議であれば一大事です。

あるいは、開発担当者と営業担当者が、ちょっとした雑談で、

「先日の新商品の売れ行きはどう？」

「うん、50代以上の女性に人気だね。こういう商品をもっとつくろうよ」

という会話をしたとします。この会話を踏まえて開発担当者は50代以上の女性向けの新商品開発にどんどん注力する一方、営業担当者が欲しがっていたのは同じようなラインで別の年代に向けた商品、というような食い違いもあるでしょう。この場合、結果として、かけた時間や労力が無駄になる可能性が非常に高くなります。

このような、コミュニケーションの中で生じる食い違いやミスは、どうすれば防ぐことができるのでしょうか？

完璧を求めない

仕事で人と接するうえで何より大切なのは、**「自分も相手も完全ではない」という**

前提に立つことです。

この意識が弱まると、

「その日じゅうでいいって言ってたじゃないですか！」

「50代の女性向けの商品がいいって言ったじゃないの」

など、一方的に相手を非難する口調になりがちです。

自分も相手（上司も含む）も完全でないからこそ、私たちは会議を開いてお互いの認識を確かめ合ったり、手順書を見たり、作業メモをこっそりつくったりするのです。

さらには、その作業メモや手順書、あるいは会議の議事録など、いずれも不完全な人間がつくったものなので、これも不完全です。

「このマニュアルにはこう書いてあります」

と主張してもときに何の意味もなさないのは、マニュアル自体に不備がある可能性があるからです。

この、**人間の不完全さを視野に入れておくだけで、取り返しのつかないミスは激減します。**

人間は変わるから面白い？　変わるから厄介？

もう一つ、ミスのきっかけになりやすいのが、私たちの**「時間とともに変わっていく」**という性質です。

「あの部長、話を聞くたびに、言ってることがコロコロ変わるんだよな」

という人は身近にいませんか？　周囲からこのように指摘される人に限らず、私たちの認識や意識はどんどん変化していっています。

それが仕事の「ミス」につながるのは、「その日じゅうでいい」と共通認識を持っていた書類も、いつの間にか「午前中にもらえたら助かる（と伝えたはず）」などと、誰か一人だけ認識を書き換えてしまうことも少なくないからです。

あるいは、「その日の朝までに仕上げてほしい」と言われていたものを、「その日の午前中」などと、**「勘違い」**してしまうこともあります。

また、他人と同じ認識をしているつもりでも、それぞれの認識は必ず微妙に違っています。「その日じゅう」を、その日の終業時間までと捉える人もいれば、日付が変わる前までと捉える人もいるというような具合です。

多くの仕事は、複数の人間が集まって、一つの目標に向かっていきます。その中で成果を出すためには、役割分担をして、協力していくことが不可欠ですから、チームのメンバーとは、それぞれの分担と作業結果がどうなるか、なるべく近い共通の認識を持つ必要があるでしょう。

誰が何をするか、そして任せられた部分がほかのパーツとうまく組み合わさるかどうかで、チームの結果は変わるのです。

つまり、コミュニケーションがうまく成り立ち、チームのメンバーが共通認識を持ち続けることが、仕事がスムーズに進むために欠かせない条件といえるでしょう。

失敗学が教える、絶対伝わるコミュニケーションの極意

では、そんな完璧でない人間同士が上手にコミュニケーションをとって成果を出していくためには、どうしたらいいのでしょう。

工学的な視点からオススメするのは「視覚」の活用です。

形を持った製品について話している場合や、その製造工程など可視化できるものについて話すときは、簡単に絵や図面にして整理してみましょう。絵や図面が苦手な場合は、簡単にスマホのカメラなどで撮影して、資料として添えるなど、今は「可視化」する方法はいろいろあります。

この「視覚化」は、スケジューリングといった抽象的な事柄にも使えます。

たとえば上司から会議資料作成の締め切りを指定されたならば、指示を受けたその場で、タイムラインに「会議資料締め切り」と書き込んで、上司とも共有するのです。この共有には、92ページで紹介した共通のスケジュール表が役に立ちます。

言葉だけで交わされている物事を、あえて図や絵、文字にする。それだけで、食い違いの可能性は激減します。

なぜ「言葉にする」ことがこれほど重要なのか

工学的な分野では、この「視覚化」が幅広く活用されています。たとえば、新しい機械を設計する際や、事故の原因を分析するときに、「思考展開図」というものを活用しますが、まさにこの「思考展開図」というのが、思考の過程をわざわざ言葉に落とし込んで、形にしたものです。

新しい機械を設計する場合、まずは自分が実現したい機能（＝「製品要求機能」）を言葉で表現します。言い換えれば、「その新しい機械を設計する目的を簡潔な言葉で表現する」ということなのですが、これがけっこう難しいのです。

ヘアドライヤーなら、「髪の毛をすばやく乾かす」でしょうか。では、「携帯電話」ではどうでしょうか？

まず「電話をする」と挙げるかもしれません。しかし、これでは固定電話と変わらないだけでなく、その本当の目的に答えられているとはいえません。電話をしたいから携帯電話を使うのではなくて、思い立ったタイミングで会話をしたいのに、そばに

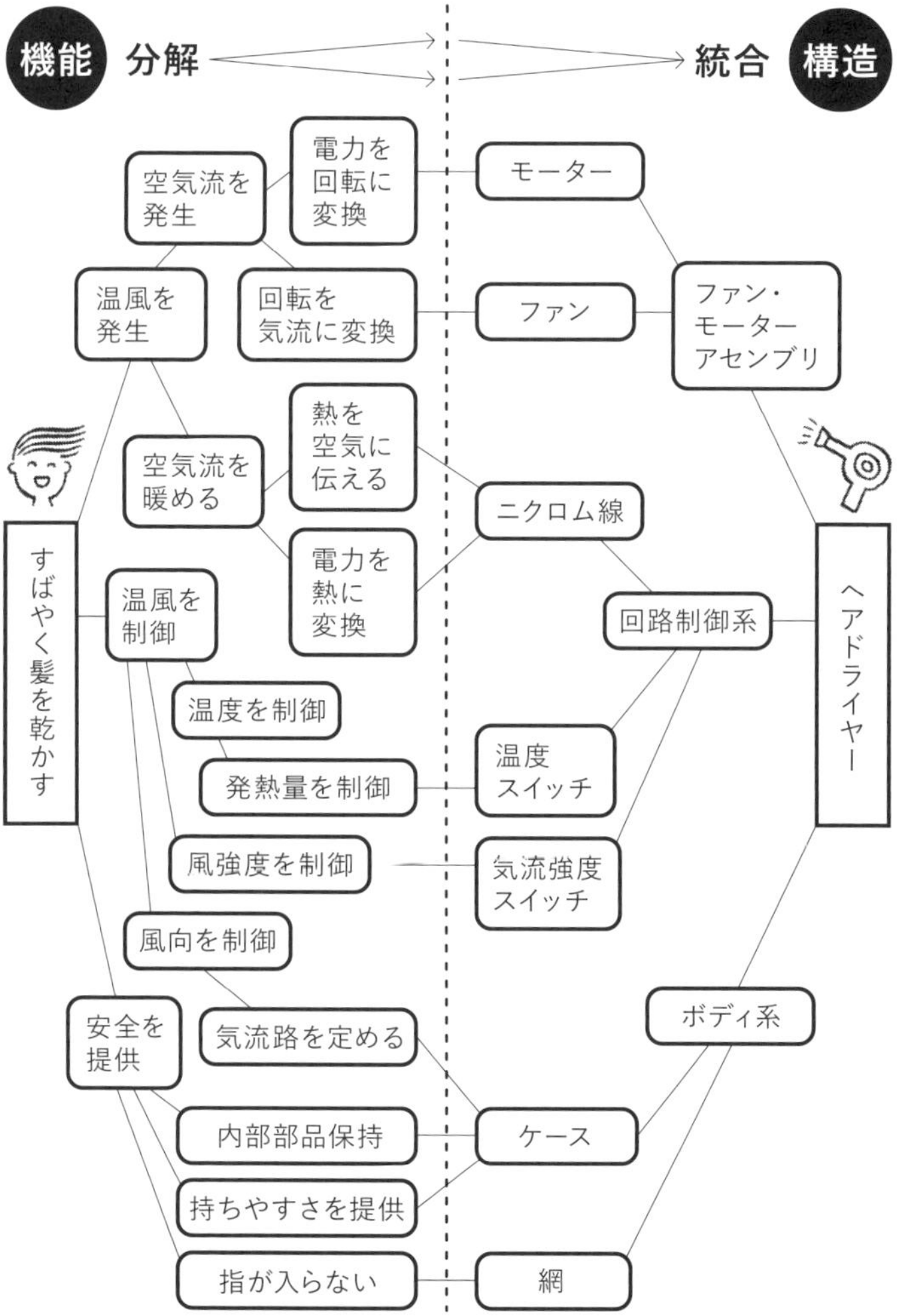

「言葉にする」ことが視覚化の第1歩

その人がいないから電話をするのです。

ですから、携帯電話の製品要求機能は、「いつでも、どこでも〈＝携帯性〉」「所望の相手（そばにいなくても）を呼び出し、合意のうえで（相手が出ないこともある）会話をする〈＝電話の機能〉」です。

このように明確に**言葉で表現できないうちは、新しい商品が生み出されることはありません。**

この製品要求機能を、皆さんの日頃のビジネスにあてはめると、目標を具体的な言葉で表現するということです。「プレゼンで、新企画の承認をもらう」「誰が読んでもわかりやすいように書類にまとめる」「新規の注文を100件確保する」などでしょう。

こうした**目標を言葉に落とし込んで「視覚化」しておくことが、円滑なコミュニケーションの出発点**になります。

どんな大きな目標も「小さな目標に分解」すれば達成できる

目標を言葉にすることができたら、今度はその**視覚化した目的を達成するために何を実現すべきかを考えていきます。**大雑把でいいので、先ほどの製品要求機能を、数個のより小さい要求機能に分解していくのです。ここで考え出した小さな要求機能をすべて実現すると、先ほどの製品要求機能が必ず実現する、その最低限の条件を考えてください。

ヘアドライヤーの例なら、「すばやく髪の毛を乾かす」という要求機能を、「温風を発生する」「温風を制御する」「安全を提供する」の3つに分ける、という具合です。ビジネスの「プレゼンで新企画の承認をもらう」の例なら、「従来の企画との差を明確にする」「携わる人のあたりをつける」「コスト計算をする」「スケジュールを立てる」の4つに分ける、となるでしょうか（より詳しい解説は、拙著『創造設計思考法』を参照）。

さらに繰り返しどんどん分解していくと、次第に、「もうこれ以上細かくできない」という状態に達します。それらの**具体的な事柄を一つひとつ達成していけば、当初の**

目標が達成できる、ということです。

目標を分解できたら、今度はそれら一つひとつを達成する方法を考えます。工学でいえば、その機能を実現するための「機構（＝しくみ）」を考えるということです。その一つひとつの機構を考え、組み立てれば新機能を持った製品が完成します。

どうすれば実現できるか予想もできなかった物事でも、このように一度ほぐして考えると、答えが見出しやすくなります。

目標を達成するための要件がきちんと言語化され、一つひとつ達成していくうちに、どんな大きな課題でも乗り越えていけるでしょう。**言語化することで、他者との分担もしやすくなりますので、業務の偏りを防ぎ、チームで協力して結果を出していくことにもつながります。**

この理系思考が確実な意思疎通の決め手

ここまで、工学の視点から「思考展開図」の使い方を説明してきましたが、普段から私たちは仕事を行なううえで、この思考のプロセスに似た流れを、頭の中で自然と行なっています。だから資料作成の指示を受けた場合には、「まず情報収集だな」とか、「○○さんに、この件を確認」などの具体的な行動がとれているわけです。

この、**今まで無意識に行なっていた思考を、明確に言葉にすることで、ミスをなくし、効率を上げることができます。**

たとえば社内で指示を受ける場合、多くの場合は「話し言葉」による指示でしょう。

「××を3日後までによろしく」

という指示を受けたとします。認識の差となり、思い違いにもつながっていく、曖昧な指示ですね。これを「はいっ！」と引き受けて、完成形を提出しようとするから、認識の違いというミスが生まれるのです。

ですから、このように曖昧な指示を受けたら、その返事としては、思考展開図の要領で、一段階ほぐしてから返しましょう。目標を達成するための要件を言語化しておくのです。たとえば、

「これとこれを、24日の17時までに部長にお渡しすればいいんですね。わかりました」

と、言葉を変えて復唱してみましょう。それで相手の反応がピンとこなければ、指示を間違って受け取っている可能性が濃厚です。

ただ単に復唱するよりは労力が必要ですが、このスキルが上達すると、**勘違いや認識の差による失敗はほぼ１００パーセント、撲滅できます。**

この作文力は、ペーパーテスト重視の日本の学校教育の中で、置き去りにされてきたものです。誰もが社会人になってから、必要に迫られて獲得している能力ですから、今日から訓練しても決して遅くありません。

多くの人間が関わる物事を円滑に進めるのに必要な能力は、ビジネスでも工学でも同じ。**物事を分解して言葉にしていく力**なのです。

Action ⑲

指示されたことを「一段階ほぐして言い換える」力をつけよう。

話し言葉は一段階、具体的にして復唱する

20

キーパーソンを味方につける

他力本願でうまくいく仕事は意外に多い

これまでお話ししてきたように、私は、アメリカの企業に勤めた後に大学に戻ったり、起業をしたり、日本の企業に勤めたり、失敗学会を立ち上げたり……と、様々な経験をしてきました。

その中で、「どの仕事が、一番印象に残っていますか？」と聞かれると、迷わず答える仕事があります。アメリカの原子力発電所の修理の仕事です。

今から30年ほど前、工学者・機械設計者になりたてだった私は、アメリカで3年間、修業を積むことにしました。その折に、原子力発電所の修理チームに配属されたのです。設計のプロフェッショナルが10人あまり集められたグループでした。

あるとき、古い原子力発電所で発生した部品の不具合を修繕する仕事に４人ほどで取り掛かることになりました。どこかの工程でミスが生じても、違う方法でそれをフォローできるようにあらかじめ準備を整えてある、というような、用意周到なプロジェクトでした。主な工程は３つで、

①古いネジ（直径25ミリ）を切断・回収する
②すでに取り付けてあるステンレスの部品を5ミリほど、電動ノコギリで切断し、切断した破片を回収する
③新しいネジを取り付けて、溶接する

というものです。ネジや部品はすべて水中に設置されており、これら工程を15メートル以上も上にある作業場から、遠隔操作で行なうという仕事でした。

私が任されたのは、その中でも①の作業で、それに関してはまったく問題なく完了したのですが、実は、このプロジェクトには、一つ大きな課題がありました。②のプロセスで、切断した破片が水中を浮遊して、回収できない可能性があったのです。切断までは寸分違わず実行できるように設計し、その破片を回収するための回収箱もつ

くっていたのですが、それがうまく働く確証をつかめずにいたのです。

ついに修理の実施まであと1週間と迫ったとき、チームリーダーのフランクは私を連れて、今回のチームのメンバーには選出されていなかったボブという大ベテランの設計者のもとを訪ねました。そして、今、チームが抱えている課題と、自分たちが用意したシステムを包み隠さず話しました。

すると、しばらく考えたボブは、まったく新しい切り口で、確実に回収できるアイデアを出してくれたのです。そのアイデアは、ボブの経験に裏打ちされた、非常に画期的なものでした。そのときに受けた衝撃は、まさにガーンと頭を殴られたかのようでした。今でも忘れられません。

その道の達人は、やっぱりすごい

私たちはつい、自分に任された仕事は自分の力だけで行なおうとします。試行錯誤し、よりよい方法を考えるのは、自己の成長にもつながる大事な姿勢だと思います。

ときには「人に頼る」ことも大事

しかし、**「その道の達人」といわれる人は、やはり、普通の人とは違います。**私たちが何人集まっても出なかったアイデアを思いついたり、新しい視点で物事を見られる。それが、ミス撲滅の大きな一手となるのです。

正直、そういう人は近寄りがたく、話しかけにくいと思うかもしれません。

実際、このときに力を貸してくれたボブも、設計のずば抜けたセンスを持ちながら、昇進とも昇給とも無縁の立場でした。それだけ、職場の変わり者、偏屈者として認識されていたわけです。

でも、そうした**名人の多くは、「自分でなければできないと思われる相談」には、無上**

の喜びを感じます。工学者の場合、難解な問題を解いたときには、意中の異性を落としても得られないような究極の快感に打ち震えるといいますが、ほかの分野でもその喜びの程度はそう変わらないのではないかと思います。

「あの人は気難しい」などというレッテルに流されるのではなく、助けが必要な場面ではその力を借りること。**素直に専門家に相談する**ことで、失敗回避の確率を格段に上げられるでしょう。

Action ⑳

行き詰まったときは、思い切って他人に頼ってみる。

column

ボブが提案してくれた原発修理のアイデアとは？

先ほどの項目では、原子力発電所の修理を取り上げました。ボブが一体どんな画期的なアイデアを出してくれたのか、気になった方もいるでしょう。ここでは、私たちが考えていた方法とボブが提案してくれた方法を簡単に紹介します。

まず私たちは、切断するパーツに事前に、フタのない箱のようなものを取り付けて、そこに落とすような方法を考えていました。しかし、作業は水中です。ちょうど切り終えたときに破片が水流に乗ってしまうと、うまく箱に入らない恐れがありました。

一方、ボブが提案してくれたアイデアは、切断するパーツに、箱をベタッとくっつけてしまい、パーツとその箱の一部を一緒に切断する方法です。パーツを切り落としても箱には十分な未切断部を残すため、破片が水中を漂ってしまうことはありま

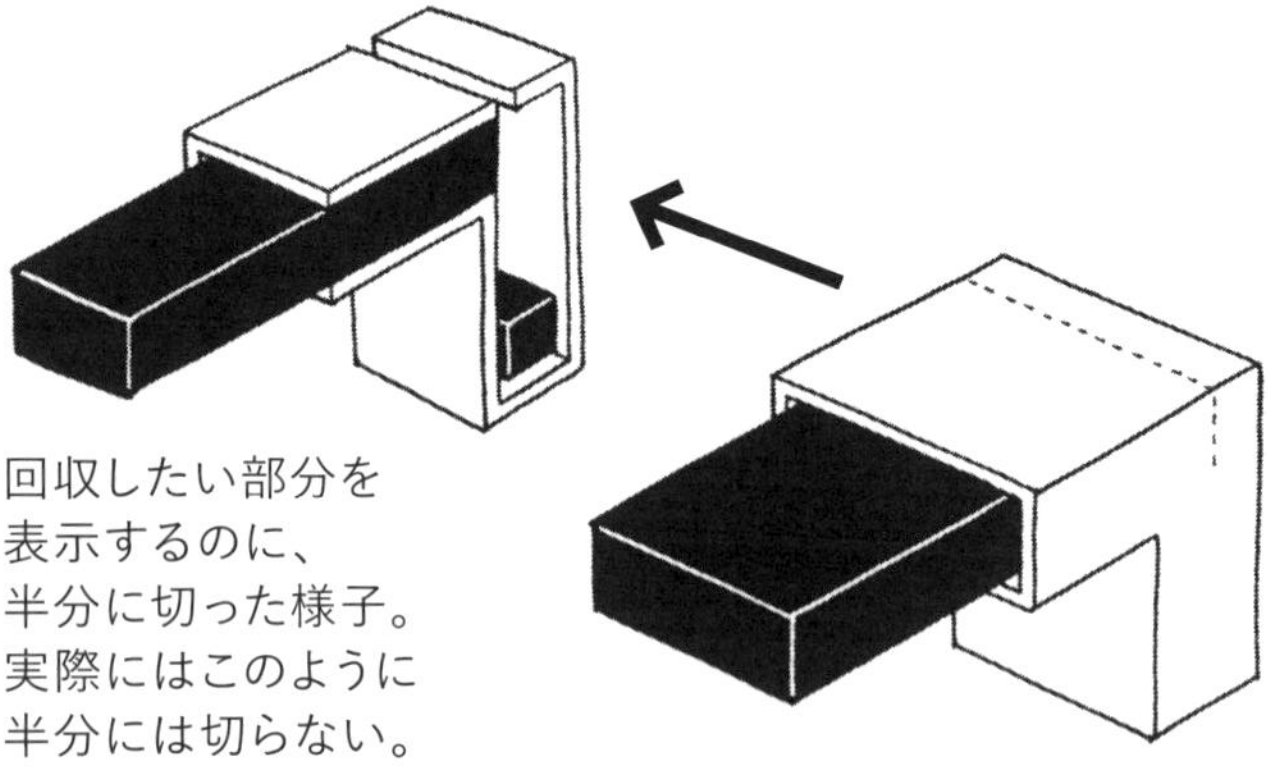
回収したい部分を
表示するのに、
半分に切った様子。
実際にはこのように
半分には切らない。

ボブのアイデア

せん。

（電気系の読者への補足：原子炉を満たしている水は単なる水ではなく、イオン交換水です。電動工具は端子などに防水処理をしなくても、空気中と同じように、原子炉を満たしている水中で使えます。）

10人以上のチームで必死に知恵を絞っても出なかったアイデアが、たった一人のベテランから、さっと出た。この例は、「専門家に聞く効果」を実証しているといえるでしょう。

21

「あえて外から」の視点を持つ

初心者が100パーセントわかることからは、ミスは起きない

専門家以外にも、ミスを防ぐためにとても頼りになってくれる人がいます。それは、「専門外の人」。**まったくその分野について知らない人が、実はとんでもなく頼りになるのです。**

探偵ものや刑事もののドラマで、主人公が事件解決の糸口がつかめずにうんうん唸《うな》っているとき、他人がかけた何気ない言葉がきっかけになってひらめくようなシーンがあるでしょう。

「ああ、そうか！」と駆け出した主人公を、他人はわけがわからずポカンとして見送るあのシーンです。

言うまでもなく、主人公がひらめきを得られたのは、知識や経験のない人の言葉があったからです。その分野について知識も経験もないということは、裏返せば、**先入観や思い込みにとらわれていない**ということ。**ありのままを見られる**ということなのです。

その視点は、ミスを防ぐことにも活用できます。

最近は、何かアイデアを出したいときに**「ブレインストーミング」**という手法を使う人も多いでしょう。これがまさに、**専門外の人の力を借りる有効な方法**です。

ブレインストーミングという英語は、「頭の中に嵐を呼び起こす」という意味と勘違いされがちですが、本来は「襲いかかってかき乱すこと」。そう、脳をかき回すことで新しいアイデアを生み出すのが、ブレインストーミングの本来の目的です。

ですから、一人ではなく複数人でお互いに刺激し合いながら進めたほうがいいアイデアが浮かびやすく、また同じグループの人だけではなくまったく違う仕事をしている人を入れると、思考があらぬ方向にぶっ飛んで、いいアイデアが浮かぶことがあります。

その説明、自分中心になっていませんか？

また、専門外の人の力は、アイデア出し以外でも非常に頼りになります。

それは、自分がしていることをあなた自身が十分理解できているかの確認ができる、ということです。

たとえば、**あなたの日々の仕事を、まったくその分野の知識がない人に説明してみてください。**過不足なく、誤解なく……となると、案外、難しかったりしませんか？

専門外の人に何かを説明するのは、とても難しいものなのです。ですから、わかりやすく説明をしようとすることで、あなた自身の理解が深まります。

何か問題を抱えているとき、適切な方法が見つからなくて悩んでいるときには、自分が今、抱えている問題を、なるべくわかりやすく専門外の人に説明することを心がけてみてください。**話すうちに、自分の中で解決法が見出せることも少なくありません。**

もちろん、アドバイスをもらうだけでも有意義です。相談相手の専門外の人は、前述のように先入観や思い込みのない素直な見方で、問題に相対することができます。専門家のように「これはこれ」という決まったやり方がない分、柔軟な意見が聞けることもあるでしょう。

私たちはつい、素人の意見を一段低く見がちですが、受けとる姿勢さえしっかり持てば、「他人の力」はこれほど頼りになるものなのです。

Action 21

外からの意見を積極的に取り入れる柔軟さを持とう。

専門外の人にもクリアにわかることからは、ミスは起こらない

22

シリコンバレーで学んだ「信頼関係」の本質

「見た目」だけで信頼度は変わるのか？

ビジネスを円滑に進めるためには、「信頼関係」が不可欠です。信頼関係はコミュニケーションの基本です。相手と強固な信頼関係を結ぶことができれば、提案も通りやすくなり、意思を尊重してもらえることも増えるでしょう。

反対に、**最初の段階でうまく信頼関係を結ぶことができないと、それだけで「失敗」の確率が上がります。**

たとえば、私がコンピュータパーツの技術系商社に勤めていた1998年頃、こんなことがありました。

ある大手メーカーと商談のきっかけができ、シリコンバレーにあるメーカー本社に、社長以下3名で勇んで訪問することになりました。この話が成立すれば、我が社にとっては大躍進、という大きな商談だったので、皆、一様に気合いが入っていました。

何とか商談を成立させたいという思いから、社長は、

「この商談はスーツで行こうか」

と言い出しました。

シリコンバレーといえば、服装がラフなイメージがあるでしょう。当時からその傾向にありました。弁護士や金融系のビジネスパーソンはスーツでしたが、それ以外は私服で働くのが当たり前。コンピュータ、ソフト、ネット関連の仕事においては、「私服であることが、服装に頼らず仕事ができることの証明」というような扱いでした。言い換えれば、スーツにネクタイをしていると、かえって「外見にこだわるできない奴」と思われるのです。

何とか、私服での訪問をと説得しようとしましたが、社長の「スーツ=正式」という強固な思い込みによって、それはかないませんでした。結局、社長ともう一人の担当営業はスーツにネクタイで訪問。私はネクタイこそしていなかったものの、シリコ

ンバレー流とはいえない服装でした。

果たして、商談相手として登場した課長は、ランニングシャツに短パン姿の若者でした。シリコンバレーの常識を知っていたつもりの私でさえ、相手のあまりにラフな服装に正直ビックリしました。残念なことにその写真を撮り損ね、さらに残念なことに商談は成立しませんでした。

この商談がうまくいかなかった原因が、100パーセント我々の服装にあるとはいいません。しかし、**服装は相手がどんな人かを知るための、一番の情報源**です。そのツールを使った信頼関係構築のチャンスをみすみす逃してしまったことは、紛れもない事実だと感じた出来事でした。

自分の常識より、相手の常識をキャッチする

日本の画一的なスーツ姿、夏になったらクールビズ、名刺は両手を揃えて、というやり方そのものがいけないとは思いません。

今は私も日本で過ごす時間のほうが多いですから、講演やお客様との面談ではこのやり方に従います。そう、このやり方がいいとか悪いとかそういうことではなくて、これが「日本の郷《ごう》」なのです。郷に入っては郷に従え。アメリカ人でさえ、大切な日本人の取引先の訪問では、名刺交換の練習をしたりもします（半ば面白がってという印象ですが）。それだけ、私たちは**ふるまいを通して、相手が信用できるかを見て、判断している**のです。

優秀な通訳を雇えば、英語を話せなくても問題ない？

これを最近の話に引き寄せると、やはり**英語圏の人と対等に商談をしたいと思えば、英語を話すことは不可欠**だと私は思います。

さらにいえば、相手と文化を共有していなければ、ものを売ることは難しいでしょう。この原則は、日本とアメリカといった国境を越えた付き合いだけでなく、東京と大阪、といったドメスティックな付き合いでも同様です。

失敗学は、「現地、現物、現人《げんにん》を大切にせよ」と教えます。過去の事故から学ぶには、その事故が実際に起こった場所に出かけ、現物を観察し、当事者の話を聞くのが効果的だということです。

商売もまったく同じです。自分たちの商品を買っていただこうと思ったら、ターゲットとなる人たちの生活を知り、同じものを食べ、同じ苦労を味わい、雑談もできなければ売れるはずがありません。

「この人は、私たちを理解してくれている」「私たちに合わせようとしてくれている」。自分の身を動かし、本物を経験し、人と交流を持って、自分の頭で考える。そうすることではじめて本当の理解ができ、相手の気持ちもわかるのです。

そこから生まれる「信頼関係」は、どんなにノウハウ本を読んでも構築することはできないでしょう。

Action ㉒

相手を理解しようというスタンスを、見た目や姿で表現する。

23

言い訳には、「いい言い訳」と「悪い言い訳」がある

自分の気持ちを相手に伝える、正しい方法

人間関係は仕事をするうえで重要なファクターですが、比較的多くの人がしやすい失敗の一つに、**「話し方」**があります。

この失敗は目に見える形ではなかなか現れにくいもの。子どものうちは、相手の言動に気に食わないことがあれば、そのままケンカに発展するようなこともありますが、大人になれば、そんなことは滅多にありません。多くの場合、「この人と深く関わるのはやめよう」と線引きされて、その関係は終わってしまいます。

また、相手によって、時と場合によって、何が「失敗」になるかがはっきりしないこともまた、難しいところです。ある場では会場をどっと沸かせた話題も、別の場で

は白けたりするのですから、このあたりは読めません。

そうはいっても、ビジネスでよりよい関係を築くために、踏まえておくべきポイントがあります。この項目では、その「人間関係におけるミス」をしないための、最低限の防衛ラインのお話をすることにします。

ポイント1　自分の話は短めに

まず、**長々と喋《しゃべ》りすぎないこと**です。

これは一対一で相手と話すときに限らず、自己紹介の場面や、パーティや結婚式での挨拶、会議でのプレゼンや学会での発表などにも適用すべきポイントです。制限時間を与えられて話すようなときは特に、その時間より少し短めを意識して話を終えましょう。

短くまとめる理由は、「**自分が言いたいことと、人が聞きたいことが違う**から」。そしてほとんどの場合、「**言いたいこと」のほうが「聞きたいこと」よりも多い**からです。

ここでは、学会の発表で考えてみましょう。

聴衆が聞きたいのがその発表の結論であるのは言うまでもありません。そしてもちろん、発表をしている本人も、一番に伝えたいのは結論であるはずです。

しかし、それ以外の部分では、聴衆の「聞きたいこと」と話し手の「伝えたいこと」は、必ずといっていいほど食い違ってきます。

話し手は、なぜその結論に至ったか、苦労したポイントはどこかなどを話そうとします。たしかに、その結論に辿り着くまでには、大きな苦労があったかもしれません。でも、その場に集まっている人たちは苦労話が聞きたいわけではありません。その結論がどのように役立つか、応用できるかに興味があるのです。

発表とは、自分が言いたいことを人に聞かせる場面ではなく、人が聞きたいことを聞かせて、その人の心を捉えるためのものです。大事なのは、そのとき、その発表を聞いている人の心をどれだけ動かせるか。それに役立たない話題や資料は、極力なくすべきなのです。

「あれもこれも言っておかなければ」というのは、得てして無意味です。結論と、それを裏付ける事実を核に、余計なことを廃して話は短めにまとめましょう。

これは、ビジネスにおける、会議での発表やプレゼンであっても同じです。自分が伝えたいことではなく、相手が聞きたいことを伝えなければ意味がありません。

ポイント2　言い訳だけは絶対しない

「相手が聞きたいのは結論だ」というのは、謝罪のときも同様です。

たとえば、約束の時間に遅れたとしましょう。つい、なぜ遅れたのかを相手に伝えたくなってしまいますよね。

A「遅れて申し訳ありません。乗る予定だった電車が強風によるダイヤ乱れで遅延しておりまして……。別のルートを探して伺ったのですが、結局遅れてしまいました」

というような具合です。

でも、多くの場合、相手はその理由にはあまり興味がありません。「あなたが遅れたことで、行動の開始時間が遅くなった」という厳然たる事実が大事なのであって、遅れた理由は取るに足らないことなのです。

ですから、なぜ遅れたのかをくどくど説明（つまり言い訳）するのはなしにして、開始時間が遅れたことによる影響や、その挽回策などを早々に伝えましょう。

Ｂ「遅れて申し訳ありません。30分遅くなりましたので、●●の件については、次回に持ち越させてください。本日は××のみ、お話しさせていただければと思います」

という具合です。

ＡもＢもほぼ同じ文字数ですが、Ｂのほうがよっぽど**相手の役に立つ有意義な情報**でしょう。

ただ、残念なことに、中には「なぜ遅刻したのか言ってみろ！」と言い訳を強要する人もいます。こういう人には説明をしなければいけませんが、長々とした説明は火に油を注ぐようなもの。とにかく手短に「なぜ」を説明して、さっさと前向きな話に移りましょう。

ところで、私が今までに聞いた中で、唯一、「すごいな」と感心した言い訳があります。それは、歯医者のアポをすっぽかした人が、次の予約を取り直して来院したときに、受付の人に放った言い訳です。

「どうされましたか？」という質問に対して、その人は**「忘れた」**とたったひと言で返したのでした。

その場に居合わせた皆が、思わず笑ってしまう、見事なひと言でした。

もっともらしい言い訳を、汗をかきかき作文するよりも、あっけらかんと本当のことを言う。これが「いい言い訳」の秘訣です。

Action ㉓

話し始める前に「相手の聞きたいこと」が何かを考える。

7章

仕事の質とスピードが同時に上がる逆転の発想法

24

ビジネスで起こる「最悪の事態」への効果的な備え方

状況がたちまち好転する「10桁の番号」とは？

日々の仕事においては、

「よりによってこのタイミングでミスが起こらなくても」

「なんて失敗をしてしまったんだろう」

ということも、残念ながらあります。

たとえば、普段は忘れ物を全然しないのに、たまたま財布を家に忘れた日に限って外出続きだったり、重要な資料に限って誤植をしてしまったり、という事態です。

本項目では、**「うわ～、最悪だ」と思わず天を仰《あお》ぎたくなるような失敗やミスへの対策**を考えたいと思います。

失敗×不運＝最悪？

以前、私が「うわ〜、最悪だ」と思った事件についてお話ししましょう。当時、シリコンバレーで働いていたときのことです。

マック（マッキントッシュ）がデビューした年の夏、私はアメリカのゼネラル・エレクトリック社（GE）に身を置いていました。当時からGEは全米各地に拠点を構え、従業員数は30万人を超えていました。私自身はシリコンバレーに勤務し、ラフな服装で勤務をしていましたが、全体で見れば当時、GEは保守的な企業でした。ジャック・ウェルチが大鉈《おおなた》を振るって整理を始める少し前の話です。

あるとき、全米の拠点から200名ほどのメンバーがニューヨークに集結する会議がありました。たしか、新人工学者養成プログラムの一環だったと思います。

そのとき、必ずスーツとネクタイを持っていくこと、と厳命されていました。

もちろん私もその指示を守り、スーツとネクタイを持参しました。観光も兼ねて数日前倒しでニューヨークに行ったのですが、そこで事件が起こりました。ニューヨークに着いたその日、空港に迎えにきてくれた友人の車でホテルに向かう途中で車上荒しにあってしまったのです。友人と一緒に車から離れ、戻ったときには窓ガラスが割られ、私の荷物はすべて、なくなっていました。真っ昼間で人通りの多い路上での出来事に、呆然《ぼうぜん》としました。

旅慣れていなかった私は、その荷物にパスポートも含め、すべてを入れていました。そのため、警察署に行って手続きをしたり、当面の生活用品の買い出しに追われたりと、さんざんな思い出です。

でも、もっと困ったのはその後でした。会議用の書類も、持っていくようにと厳命されていたスーツもなくしてしまったのですから。

あわてて上司に電話をかけ、事情を説明し、会場までの行き方を教えてもらいました。そして上司が会場のホテルと交渉してホテルマンの制服一式を借りてくれたため、何とか参加することができたのでした。会場ホテルのホテルマンと同じ出で立ちの者が一人。形はできていても、何とも珍妙な参加者となったのです。

この出来事は、**「必要不可欠なものは手放してはいけない」**という教訓が身にしみた出来事である一方で、**「替えのきかない、本当に大切なもの以外は、意外に何とかなる」**ということも学びました。

当時は「最悪だ」と天を仰ぎましたが、今、振り返ってみれば、これは最悪の事態でも何でもありません。なぜなら、上司の電話番号を覚えていて、会場に無事に辿り着くことができ、さらに服も何とか用意してもらって会議に参加できたからです。ニューヨークに行った目的は十分達成できていたのでした。

「仕事における最悪」は、何より目的を果たせないことだと思います。たとえば人との待ち合わせに携帯電話を忘れてしまい、さらにはトラブルで行くことができず、それを伝えることもできなかった……こんな事態こそが「最悪」でしょう。

最悪な事態を救う「蜘蛛《くも》の糸」は？

スマホやタブレットを持ち歩く人が増え、出先で簡単に目的地までの道のりやメールでのやりとりを確認することができるようになりました。

前述の「必要不可欠なものは手放してはいけない」の、「必要不可欠なもの」に、このスマホやタブレットを挙げる人も多いでしょう。

しかし、**スマホやタブレットに頼り切っていると、それを忘れたりなくしたりしただけで、すぐに「最悪の事態」に陥ってしまいます。**

出先で目的地まで辿り着けない。しかも誰かに確認しようにも、連絡先もわからない。そんな事態は起こりえます。

また、古くなるとすぐにバッテリーの持ちが悪くなるのも、モバイル媒体の欠点です。いつでも連絡を取れる状態だからこそ、何らかの事情で連絡が取れなくなることが致命傷にもなるのです。

もしスマホやタブレットがなくても**ここだけは、と思う大事な電話番号（勤め先や自宅、実家など）については記憶する**ことが、最悪を回避するためには有効です。

携帯電話が世に溢れる前、人は10件程度の電話番号は覚えていたものでした。それが今や、110と119以外は自分の電話番号も知らない人までいるのにはびっくりです。

もちろん私も、携帯のアドレス帳に登録もしますが、頻繁にかける番号は、アドレス帳を開いて表示し、その番号を直接打ち込んで電話をするようにしています。最初は緊張しますが、これを繰り返しているうちに電話番号は覚えられるでしょう。

海外でのパスポート紛失、出先での携帯電話・スマホ・タブレットの使用不可……など、様々な場面での「最悪の事態」を、想像してみてください。そして日頃からそれに対処できるよう備えることが、あなたの身を助けるのです。

Action㉔

まず、緊急時にかけられる2件から、電話番号を覚えよう。

25

「どうやったら失敗できるか」とあえて考えてみる

失敗を防ぐ逆転の思考法

失敗をしたい人なんて、どこにもいません。それで私たちは、**「学習」をして失敗を未然に防ごうとします。**普通、「学習」というときは、「成功するための道順を学び、それに沿って進むこと」となります。

教科ごとの学習もそうで、たとえば数学では、問題を与えられたときにどういう式を立て、どう計算すれば答えが出るかを学びます。国語では、文学作品の一部を切り出し、それを繰り返し読んでは登場人物の心の動きを考えたり、情景を思い浮かべたりします。外国語では言葉の対応に始まって、一つの概念を違ったルールでどう表現するかを学びます。歴史では史実から教訓を得、科学では世の中の現象を数式などではどう表現できるかを習います。

こうして私たちは、9年間の義務教育、7年前後の高等教育を受け、クラス・学年・学校単位で団体行動の規範を教え込まれ、どうやって社会に適合して生きていけるか、少しでも社会の役に立てるかを、身につけるのです。

この学習法では、**思考は常に「与えられた問いに正しく答えるための方法や手段を考えていく」という流れで働いています。**課題は常に与えられるものであり、それを解く手法を身につけるだけです。何が起これば課題が解けなくなるかとか、何もない状態から課題を生み出すことは考えません。

しかし、世の中は、この思考の流れで捉えられるものばかりではありません。

準備万端、整えたつもりだったのに失敗した場合、得てして失敗は「思いがけないこと」から生じます。これまでなかったところに「想定外の問い」が急に現れて、それに正しく対処できなかったことで失敗に終わってしまうのです。

少し説明がわかりにくいので、車の運転にたとえてみましょう。

交通ルールを守って、安全運転をしていたとしましょう。交通ルールは事故を起こさないためにつくられたものですので、これこそが「学習=失敗への備え」といえます。

しかし、交通ルールを遵守していたからといって事故が絶対に起こらないとは限りません。突然、車が飛び出してくるかもしれませんし、ハンドル操作をミスするかもしれません。それらの失敗は、交通ルールという備えではカバーできません。

そう、つまり、通常私たちが行なっている**「学習」という形式での「失敗対策」では、カバーできる失敗がごく限られてしまう**のです。

想定外の失敗を想定内に収めるには?

工学の分野では、少しの失敗がとんでもない事故につながる、というのは前にお話しした通りです。そのような分野では、失敗を想定できなかった、というのは絶対避けなければいけません。そこで用いられている手法があります。

紙を1枚用意し、そこに「起こってほしくない現象」を書いていきます。

先ほどの車の運転の例なら、

- 人を轢《ひ》く
- 車にぶつかる
- 建物にぶつかる

といった具合です。そして次に、その**「起こってほしくない現象」がどうすれば起こるのかを書き出していきます。**

たとえば「人を轢く」ことに対しては、何が起こったときに自分が車で人を轢いてしまうのかを、一生懸命考えます。よほど変わった人でなければ、こんなこと、普段は考えないのではないでしょうか。

そして、その自分が人を轢いてしまう状況をつくらない方法を考えることで、失敗の芽を摘んでいくのです。

この考え方は、失敗を書き出していく形が木を逆さにしたような形になるので、「フォルト・ツリー・アナリシス」と呼ばれています。自分たちの設計や製品製造法に問題がないかを分析するためによく使われる手法です。

一方的な取引中止……こんなとき、どうする？

この手法を普段の仕事にあてはめてみましょう。

たとえば、大事な得意先に、打ち合わせに出かけるようなシチュエーションを考えてみてください。

ここでの究極的な失敗は、「関係の崩壊」でしょう。せっかくいい関係を築いていたところを、あなたが起こした何らかのトラブルで相手から一方的に取引中止を言い渡されるようなケースです。

それでは、どうすればそんなふうに関係が壊れてしまうか、考えます。そこに至る道はいろいろありますね。

- その取引先が業界内で不利になるようなことをする
- 打ち合わせを無断ですっぽかし、フォローもしない
- こちらの都合だけを優先した条件を、一方的に押しつける
- 納品したものの質が悪い

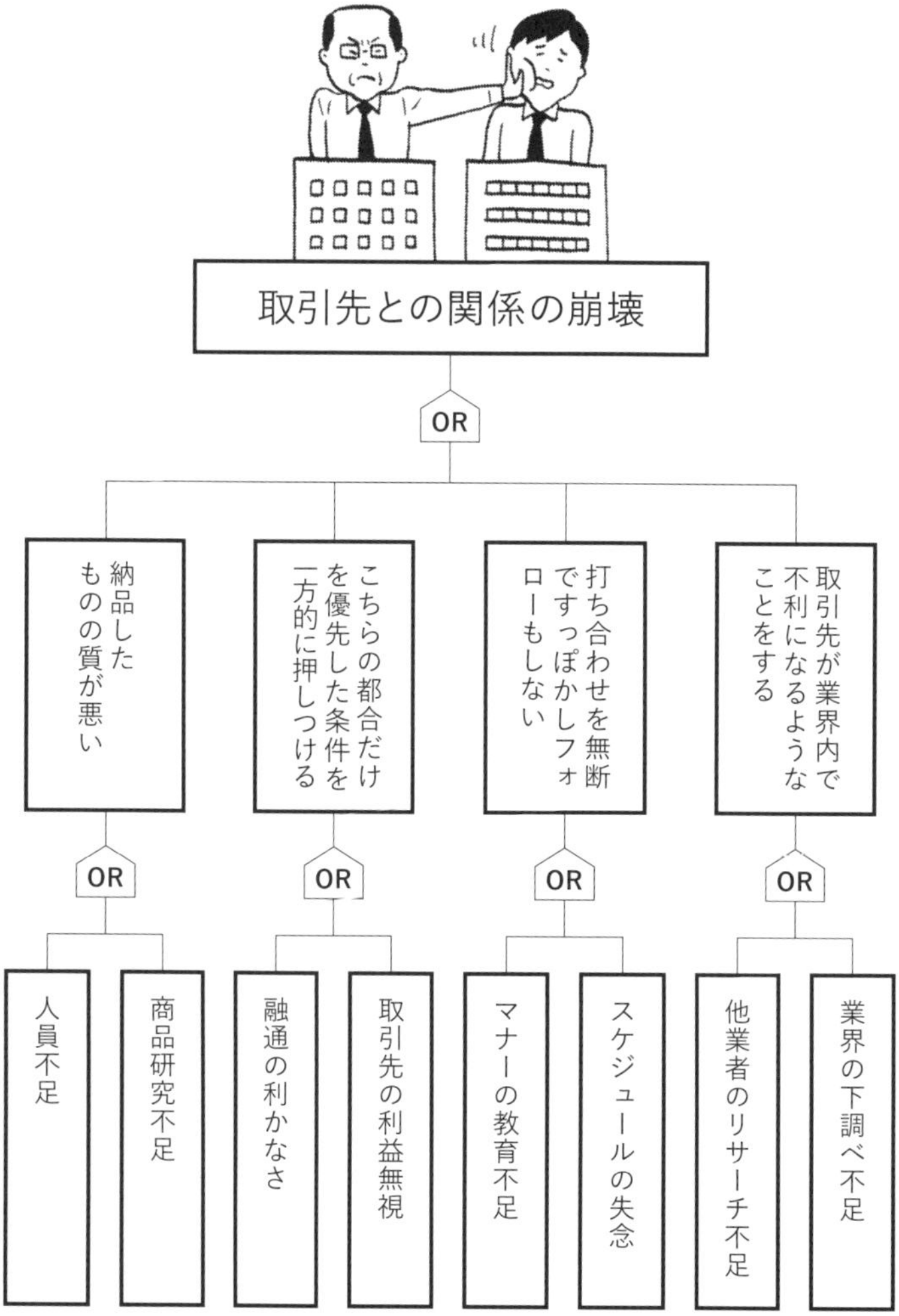

視点を変えることで見つかる「漏れ」は？

など、ネガティブな想像はどんどんと膨らみます。

こうやって**考えうるすべての要因を洗い出し、さらにその要因をつくり出す可能性を考え、それぞれがどれくらいの確率で起こりそうかを考える**のです。そして、けっこうな確率で実現しそうな現象があったら、その要因を潰していく。これが、「フォルト・ツリー・アナリシス」の目的です。

その取引先にとって、自分たちの優先順位が下がっていると感知したなら早々に見直さなければなりません。相手に一方的に、こちらの事情を押しつけるようなことはすべきでないということもわかります。

このように、一つひとつ丁寧に検証していくことで、この取引先とのよい関係を、末永く続けていくことができるでしょう。

「どんな失敗も起こらない」ようにすることは、本当に可能なのか

この「フォルト・ツリー・アナリシス」は、失敗として起こった結果から現状を見ることができるので、普段の自分の仕事ぶりや失敗対策を見直すいいきっかけとなり

ます。

しかし一方で、どんな失敗対策も、この方法をとれば万全、とは残念ながらいえません。なぜならこの方法は、**どんなに徹底してネガティブな要素を考えていっても、その可能性が分析者の知識や思いつきから出ることがない**からです。

ですから、私たちがこの方法を駆使するためには、日頃から思考を柔軟にして、**「どうやったら失敗できるか」「どんな失敗ができるか」を考えておく必要がある**わけですね。

何とも邪悪な思考の提案になりましたが、本当に失敗の少ない人というのは、日頃からこのような、「逆から見る」視点を持ち続けているのです。

Action ㉕

「どうすれば失敗できるか」をあえて考えてみる。

26

事実の「正しいねじ曲げ方」

失敗の連鎖はすっぱり断つ

ここまで、仕事のスピードを上げ、ミスを減らす方法を数々紹介してきました。けれども、それでもやっぱりうまくいかないことはあると思います。さらに、その失敗を引きずってさらに次も……なんて気が滅入ることもあるでしょう。こうなったらもう、目も当てられません。

この項目では、そんな**失敗の連鎖を断ち切る方法**を考えます。

失敗から上手に立ち直る方法

その一番の方法は、**その失敗は失敗できちんと検証して、さっさと立ち直ってしま**

うことです。言い換えれば、もし**周囲の人が失敗をしてしまったら、その人を元気づけてあげる**ことが、次の失敗を防ぐための正攻法といえます。

しかし、人を元気づけるのは簡単ではありません。慰《なぐさ》められていると感じ、もっと惨《みじ》めになって気分が滅入ってしまうこともあります。

ここで役に立つのが、**失敗した事実をポジティブにねじ曲げる**方法です。

たとえば、同僚が、

「今日さあ、マネージャーにめっちゃ怒鳴《どな》られちゃってさあ。まあ、つり銭を間違った私が悪かったと思うんだけど、何もそんなに言わなくっても。こっ恥《ぱ》ずかしいし、控え室で泣いちゃったよ」

とぼやいていたとします。あなたはどんな言葉をかけますか？

「マネージャーも何か辛《つら》いことがあったんじゃないの。ストレスが多い仕事だからね。売り上げが少ないって社長に言われてるのかもよ。でもあなたのおかげで、大きな声を出してストレス発散できたんだから、感謝してると思うよ。ほかの従業員の手前、そんなこと、言えないだろうけどね。

たまたまタイミングが悪かっただけなんだから、そんなことでもしないとやってられないマネージャーをかわいそうな人だと思ってあげなくちゃ。あなたが救ってあげたのさ」

「そんなときって、お客さんをなくすのが一番いけないことでしょう。客相手のマネージャーってよくそういうことをやるんだけど、今のお客さんって怒鳴ったりできなくて、我慢してるんだよ。で、お客さんが気を悪くしたまま店を後にしないように、マネージャーがお客さんの代弁をして、それで、お客さんも気が晴れて、『あそこまで怒鳴らなくても、あの従業員さんにちょっと悪いことしちゃったかな』なんて思ってくれたらしめたもの。そういうお客さんってリピーターになるんだよね。だから、怒鳴りたくないのに怒鳴って見せるスタンドプレーなんだよ。それでね、あれはスタンドプレーだからってあなたに説明したら、何か言い訳っぽいし、かっこ悪いから言わないだけでしょ。気にすることないよ」

これらは、**失敗したことでかえっていいことがあった、と相手に言い聞かせる**言葉です。自分の失敗に対しては、罪悪感があってなかなか言葉が出てこないかもしれませんが、**他人を励ますつもりで考えれば、何か考えつくのではない**でしょうか。

こうした「他人への慰めの言葉」を日頃から考える練習をしておくと、いざ自分の番がやってきてしまったとしても、変に落ち込まないでポジティブに捉えることができるようになります。

がっかりはする。くよくよはしない。これが一流の失敗対策

失敗をしたときに、がっかりすることは大切です。しかし、がっかりするのと気が滅入るのとは違います。一刻も早く失敗に起因するマイナス分を取り戻すには、気をしっかり持って進まなければならないのです。**落ち込んでいる暇なんかない**のです。

先に「バタバタしている組織はミスが多い。ところが忙しくしていても、ミスを感じさせない、〝できる組織〟もある」と書きました。

そう、できる組織は、忙しくしていても、ミスは当然のこととして集団でいつの間

にか対応してしまい、次に進めるので復帰が早いのです。

自分の組織をこのような強い組織に育てるには、周りのミスをポジティブに捉えることから練習していきましょう。そして、自分のミスもすばやくポジティブな方向に向け直すことができるようになったとき、**あなたは組織の雰囲気をとたんにポジティブに切り替えられる、ムードメーカーとなる**のです。

そんなムードメーカーのいる組織こそ、どんな失敗からも立ち直り、前進していける「できる組織」といえるでしょう。

Action ㉖

ミスに、思い切ってポジティブな視線を向けてみる。

27

それでもダメとわかったら、どうすべきか？

皆が知らない「成功者の条件」

どんなに最善を尽くして努力していても、「あ、これはダメかも」と思うことがあります。こんなとき、どうすればよいでしょうか。大きく分けて、

①諦めずに努力を継続する
②目標を少しずらして様子を見る
③潔く諦めて次の目標を設定する

という対応が考えられますが、一体どれを選べば、よりよい結果につながると思いますか。考えてみてください。

成功の理由は「がむしゃらな努力」？

ドキュメンタリー番組や伝記で紹介される、よくある成功談では、「あのとき、諦めずに努力し続け、ついには目標を達成しました」ということが語られます。あるいは、成功者の上司などの、「あまりにしつこく何度もチャレンジし続けていたので、それほどまでなら……と、社運をかけてみることにしました」

みたいなコメントが入ることがあります。たしかに、「成功者」といわれる人たちはいくつもの挫折を乗り越えて、今のポジションを手に入れているようです。

でも、この人たちは①の態度をとって――つまり、諦めずに努力をし続けて成功をつかみ取ったのでしょうか？

私は、そうは思いません。

成功は②――目標を少しずらして様子を見ることを選べる人こそがつかみ取れるのだと思っています。

客観的に見て、**成功する人の多くは、「がむしゃらな努力」はしていません。**奮闘努力はしていても、自分のベクトルが合っているかどうか、可能性は残っているかどうかを、冷静に見ています。

でも、それをいちいち説明するのが面倒なのと、がむしゃらなほうが美徳と見られる世の中に合わせて、①のようなコメントをしているのでしょう。

そう、つまり、**「うまくいかないこと」について、ただただ努力をしていてもダメ**なのです。

これが、皆が口にしない「本当の成功の秘訣」です

何かがうまくいかないとき、どうしても失敗につながってしまうとき、必ずどこかに問題点があります。実は、成功をつかみ取れる人というのは、ただ努力をし続けているように見えてもこの「問題点」への感度が高いのです。

それで、やり方へのこだわりを捨て、問題点の解決に目を向けられる。1歩引いて斜めから自分の企画を見たり、視点をずらして考え直せば、想定外に立ちはだかって

いる壁が見えてきます。その壁を乗り越えられれば、案外、目標達成は目の前だったりするのです。

何度も失敗したことをどうにかして成功させたいときに必要なのは、「小さな諦め」です。諦めても、それまでの努力が無駄になることは決してありません。

「有意義な固執」で結果を出す法

視点をずらしたり、小さく諦めてもうまくいかないときは、目標を考え直すしかありません。

といっても、すべて諦めるのではなく、とりあえずは当初の目標の一部分——一つの小タスクにゴールを設定し直すのです。その小タスクの達成の後に、当初のゴールが待っている。こういう構造にすれば、ターゲットはぶれていませんし、**小さなゴール達成を着実にこなすことで、次のターゲットや、その先に待つ本来のゴールがよりクリアに見える**でしょう。

ただし、このときは「小タスク」の設定を間違えないことが肝心です、152ページで紹介したように、目標を正しくほぐして「小タスク」の設定をしないと、将来の成果がつぎはぎだらけの建て増し構造になってしまいます。

もし「小タスク」にゴールを設定し直すほど物事がうまくいかないときには、そのほぐし方について、まずは経験豊富なエキスパートに助言を求めるほうが賢明です。

Action 27

どうしてもうまくいかないときには諦める。
その思い切りのよさも必要です。

8章

「自己流・万能仕事術」のつくり方

自分なりのコツのつかみ方

4分類にあてはめると、うまい対応策が見えてくる

2〜7章では、スピードを上げつつミスをなくす仕事術をケース別にお伝えしてきました。私たちが日常で起こすミスの種類が数え切れないように、その対策も様々であることがおわかりいただけたかと思います。

「本書で紹介されたもので十分足りている」という人もいると思いますし、逆に、「**自分の仕事のスピードを上げ、ミスを防ぐ助けになってくれそうなものはほとんどない**」**という人**もいるでしょう。

もしあなたが後者であれば、**自分自身で、「自分流の仕事術を編み出す」しかありません。** 本章では、より失敗学的な視点を取り入れて、「ミスなくテキパキ仕事をするコツのつかみ方」を紹介します。

知らなかったから起きた失敗は、仕方ない？

本書でここまで扱ってきた失敗やミスは、大きく次の二つに分けられます。それは、**「知っていたのに起きた失敗」**と**「知らなくて起きた失敗」**です。

まず、わかりやすく「知らなくて起きた失敗」を見てみましょう。たとえば152ページでは、必要な情報が得られなかったために起きるミスを防ぐコツを紹介しました。このようなミスの原因は、「学習不足」と「伝達不良」に分けられます。

「学習不足」とは、その名の通り、知っておくべきことを知らなかったために成功できないケースです。

株の取引をしようと思った人がいるとします。通常、そう思えばある程度自分で経済や株の勉強をしてから取り組むと思いますが、勉強しないままに飛び込んで、結果として大損をしてしまった。これが「学習不足」のわかりやすい例です。

次に「伝達不良」は、たとえば上司から部下に資料づくりが指示されたとき、部下が何か勘違いをして、期限が守られなかったり内容が違っていたり……、という場合です。結果として部下は、**伝達不良によって必要な情報を得られなくてその仕事を成功させられなかった**ので、この失敗の原因も「知らなかった」ことにあるといえます。

この場合、多くは一方的に部下が叱られることになりますが、本当は双方に問題があります。上司が当たり前と思って伝えなかったことが実は非常に重要だったり、部下が確認しなかったことが実はその仕事のカギだったりするからです。

私たちはつい、「知らなかったならば仕方がない」と考えてしまいがちですが、このように分析してみると、実はそうでもないことがわかってくるでしょう。

学習不足にも伝達不良にも「仕方ないとはいいきれない背景」や「失敗を防ぐ手立て」が存在します。そのためにここまで、「知らなかったことが原因のミス」に対しても、それを防ぐためのコツを紹介したわけです。

「知らなかった」ということは、失敗の免罪符にはなりません。

知っていたのに失敗したのは、努力不足？

次に、「知っていたのに起きた失敗」について考えてみましょう。

ここまでで紹介した例でいうと、たとえば133ページの「仕事量の管理法」は、「知っていたのに起こったミス」を防ぐための典型的な対応例だといえます。

ほかにはたとえば、営業成績を達成できなかったとか、コンペで落選した、期限に間に合わなかった、できると思ったことができなかった、などがこれにあたるでしょう。

分類すると、「作業不足」「計画不良」「管理不良」「能力・経験不足」などが挙げられます。これらは個別に考えていくこともできますが、ここではすべてをまとめて**「計画不良」**と呼ぶことにしましょう。

なぜなら、作業が不足してしまったのも管理がうまくいかなかったのも、そもそもの能力が足りなかったのも、もとをただせば「計画がうまく立てられなかったから」といえるからです。最初から、

「これくらいの作業が必要で、この時間にこれをしよう」

「自分ができるのはこのくらいだから、あとは人の力を借りよう」

という計画がうまくいって、その通りに実行できていれば、「作業不足」や「管理不良」「能力・経験不足」は起こりません。

「知っていたのに失敗してしまった」というと、いかにも仕事ができないイメージと結びつくかもしれませんが、そういうことではありません。日々の仕事は、様々な要素が絡み合っています。失敗が起こるときもそれは同じ。また、**複数の原因が絡み合っているので、知っていることでも失敗を防げない**のです。**「なぜそのことが失敗に終わったか」という分析も、一面的になりがち**です。

さらにそこに、社内政治や人間関係といった人々の思惑が絡み合ってくれば、失敗の本当の原因は覆い隠され、どう対策をとればいいのか、さっぱりわからなくなってしまいます。

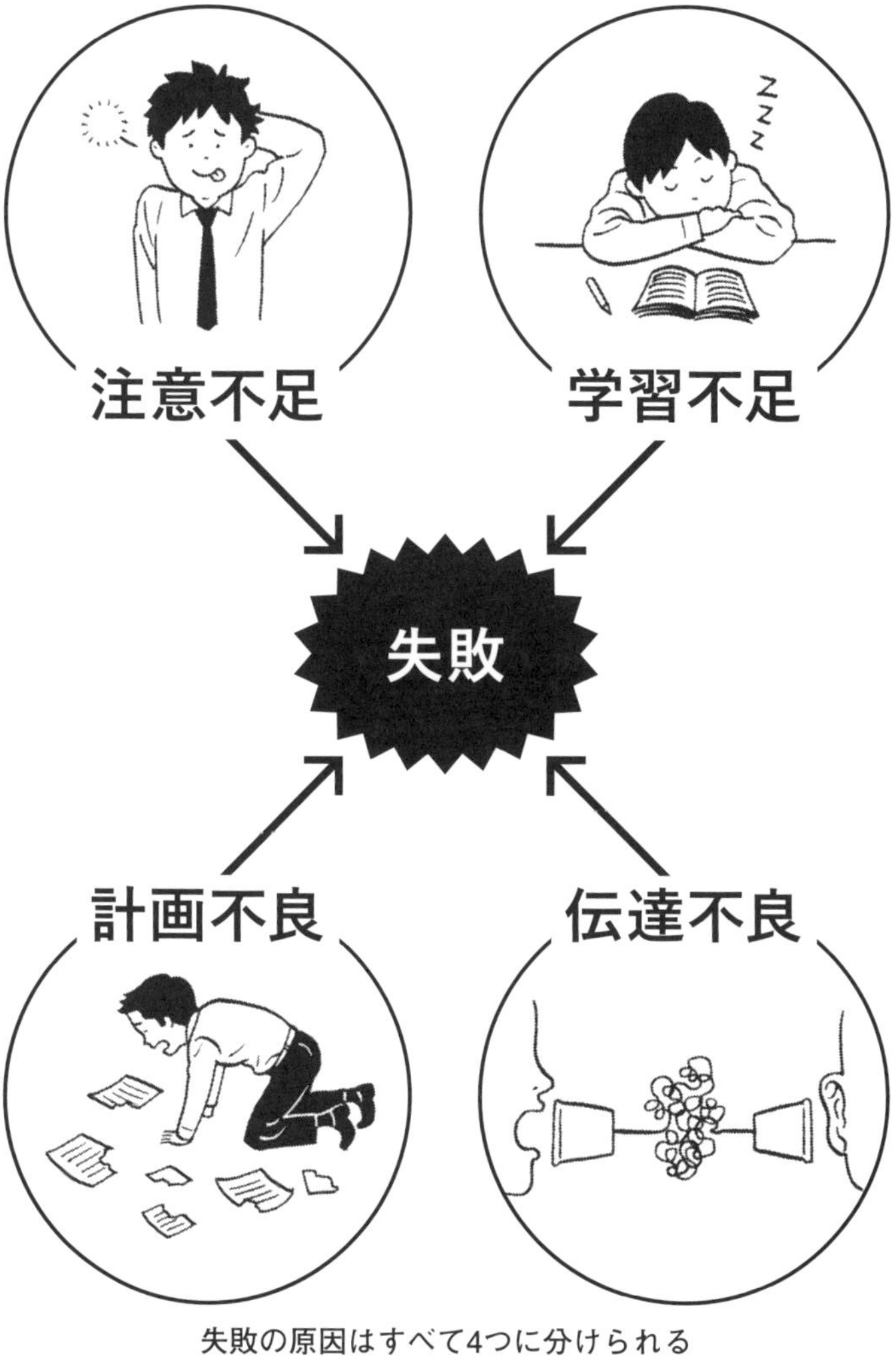

失敗の原因はすべて4つに分けられる

「うっかりミス」は誰にでも起こりうる？

ところで、「知っていたのに起きたミス」と「知らなくて起きたミス」という分け方では、あるミスが見落とされています。それは、**「注意不足によるうっかりミス」**です。知っていようがいまいが、「うっかり」は起こります。

知っているのにしてしまう「うっかりミス」は、約束を忘れた、銀行ＡＴＭに財布を忘れたなどです。知らないでしてしまう「うっかりミス」は、道路にはみ出している看板にぶつかった、書類に記入漏れがあったなどが挙げられます。

つまり、**仕事で起こる失敗というのは、「注意不足」「伝達不良」「計画不良」「学習不足」に分析でき、この4つの原因を取り除けば、個人の失敗に関しては恐れる必要がなくなる、**といえるのです。

実は、2〜7章で紹介した個別のミス対策も、本章の分類に従っています。この視点で読み直していただければ、また新たな発見が得られるでしょう。

「注意不足」への効果的対策とは？

「うっかりミス」をなくす力の抜きどころ

それでは、前述の４つの「失敗の原因」への対策のポイントを整理していきましょう。まずは「注意不足」による失敗の対策です。

１章では、「以後気をつけます」では何も改善しない、というお話をしました。それは、**気をつけるタイミングがわからなければ、人間の注意力が持続しない**からでしたね。

ですから、その対策としては、「ここぞという大事なタイミングで注意喚起をする」しくみを考えることが肝心です。それも、自分ではなく、他人の力に頼ったほうがうまくいきます。ここで借りるべき他人の力とは、文字通りの**他人と機械の力**です。

「時間のうっかり」を防ぐコツ

注意力不足で起こるよくある失敗の一つに、「時間に気づかない」ということがあります。これを防ぐには、**その時間にお知らせをもらう**のが一番です。

たとえば自分よりスケジュール管理のうまい人と一緒に行動する予定なら、「出発の10分前にお電話をいただいてもいいですか？」などと頼めば、うっかりミスを防ぐことができるでしょう。

しかし、この「他人に頼む」というのは、むやみに連発してはいけません。頼まれた側に大きな責任が生じてしまうので、その人のすべきことを妨げてしまう可能性もあります。また、「人に頼まないと時間を守れないだらしない人」と思われてしまうかもしれません。

そこで、より手軽に便利に時間を管理するのに有効なのが、道具や機械に頼む方法です。手帳につける、付箋に書く、アラームをセットする……手段は様々です。

道具の力を借りる場合、**予定をより具体的に意識することにもつながります。**たとえば、「午後に外出」くらいの認識であったとしても、手帳に書いたりアラームをセットするからには、「午後2時に東京駅」など、時間と場所の認識に具体性が増すでしょう。**自分の予定をより具体的に把握する**ことも、「うっかり忘れ」防止に役立ちます。

「きっと覚えていられるだろう」

「時間になったら気づくだろう」

と高《たか》をくくるのではなく、もしかしたら気づけない可能性に備える。その意識がミス予防のカギになるのです。

「作業のうっかり」に備える

また、人の注意力を要求するよくある仕事に、「データ入力」や「計算」があります。手書きだったり印刷されている情報を、コンピュータに入力する仕事、あるいは、書かれているデータを処理していく仕事ですが、数字の見間違えや入力漏れなどのミスは起こりやすいもの。

実は、こういう類いのミスは、シリコンバレーではもう起こらないような「しくみ」ができあがっています。**ＩＴ技術の力で、機械ですべて行なってしまう方法がとられているの**です。ただ、日本ではそのシステムがうまく運用されておらず、未だに多くの会社員が入力や計算の仕事に従事しています。**ＩＴ技術の遅れが日本の競争力をますます削いでいる**と言っても過言ではありません。

そうはいっても、仕事として振られた以上はやらなきゃいけませんね。このような、「うっかり」が生じそうな作業に関しては、ダブルチェックの仕方やチェックリストの扱い方を紹介した項目を参考に、自分流の「しくみ」を考えるといいでしょう。

「注意不足」系の失敗をしない人の共通点

以上のように、「注意不足」によるミスの撲滅には、**「注意すべきタイミング」と「ダブルチェックの質」がすべて**といえます。

ある鉄道会社で、整備士がボルトをうっかりつけ忘れ、パンタグラフが架線に引っかかって停電するという騒ぎがありました。

そこでこの鉄道会社は、ボルトを垂直に立てられる特別な箱を用意しました。作業前にその箱に必要な本数だけボルトを立てておいて、交換した古いボルトをその隣に垂直に立てていける箱です。ボルトの交換状況がひと目でわかるので、うっかりボルトの締め忘れをすることがなくなったそうです。

作業終了時（＝注意すべきタイミング）に、新しいボルトが全部使われ、古いボルトが全部立てられているかを確認する（＝質の高いダブルチェックをする）だけで、ミスがなくなったのです。

人間は慣れる動物です。慣れてしまえば作業が惰性になり、注意力が衰えます。ですから考えるべきは、**「作業が惰性になり、注意力が衰えたとしても、ミスにつながらないようにするには、どういうしくみをつくればいいか」**ということです。あるいは、**「作業が惰性にならないようにするにはどうすればいいか」**ということです。注意力を覚醒する、自分なりの方法を見つけてください。

どんなに風通しのいい職場でも「伝達不良」がなくならない本当の理由

「常識」や「経験」に、私たちは縛られている

テレビがまだ白黒だった時代、ジェスチャーのクイズ番組がはやりました。各チームの代表者1名が与えられたお題を身振り手振りで表現して、チームメンバーにそれを当てさせるというゲームです。今もたまにテレビでやっているのを見かけます。

クイズならばうまく伝わらないことも面白がれますが、仕事では相手に正確に伝えることが不可欠です。上司が出した指示と部下の受け取った指示の内容が違う、などといった食い違いは防がなければいけません。

個人と個人の話をきちんと合わせていくことが、「伝達不良」を防ぐ基本の解決策です。

「当然」は絶対、伝わらない

「伝達不良」を防ぐもう一つの条件が、**「暗黙知《あんもくち》」を理解すること**です。

この言葉は、「未だ言葉になっていない知識」（野中郁次郎《のなかいくじろう》先生）の意味で使われることが多いですが、ハンガリーのマイケル・ポラニーという人が「言葉で表現できない知識」という定義に基づいています。

少数の人間が共通の目的に向かって作業をしていく中で、繰り返し確認され、やがてそのグループの中で「当然の知識」として共有されるのが暗黙知です。「当然の知識」ですから、言葉になることもありません。

初期のメンバーで仕事をずっと進めていくうえでは問題は起こりませんが、厄介なのがこのグループに新しい人が来たときです。**「当然の知識」はもともと言葉にしにくいものも多く、新参者にはなかなか伝わりません。**

また、前からいる人には至極当然のことなので、教えてあげなきゃいけないという意識も湧かないのです。このときに中間的な人――自分も以前に、途中からそのグループに参加して、暗黙知がわからずに苦労した記憶を持っている人——がいると、親切に教えてくれるわけです。

組織を強くするためには、この**「暗黙知」を「形式知（知識として、皆が共有しているもの）」に落とし込まなければいけない、**というのが、野中先生の主張です。

かつての、人の流動も少なく家族的だった昔の日本企業は、この暗黙知を駆使して、効率よく市場を開拓していました。しかし、企業のグローバル化とコスト削減のための人の流動化が当たり前となった今では、知識は明確に文書に落とし込んで共有しなければ、どこかで内部情報のずれが起こり、失敗が発現して厳しい競争に負けてしまいます。

暗黙知による「伝達不良」を防ぐ手段としては、見えたときに書き留めて「形式知」にしていくことしかありませんが、今の情報過多の時代で、普通にメモをしていたのではなくしてしまいます。

そこで、メモやマニュアルを工夫する必要があるわけです。

この原則に従って考えていくと、「伝達不良」を防ぐためのコツをどう考え出せばいいのかがわかってくるのではないでしょうか。

結局、何を伝えたいかがすべて

ところで、何かを人に伝えるうえで、一番大切なことは何でしょうか？ うまく説明すること？ 印象的な言葉を使うこと？ いえ、違います。つい私たちは、「伝え方」や「言葉の選び方」にばかりスポットを当ててしまいますが、**大事なのはその言葉で表現しようとした「内容」や「概念」**です。

「伝え方」や「言葉の選び方」にばかり目を向けてしまうと、表現が稚拙だったり、言葉の解釈が違ったりすることが、そのまま「ミス」「失敗」のもととなります。

ですから、内容や概念の確認の際には、相手の発した言葉よりもレベルが低かったり、言葉足らずになってしまったとしても、**相手の言葉をそのまま引用するのではなく、自分流に言い換えてみる**習慣をつくることが大切なのです（152ページ）。**表現の仕方を変えるだけで、間違いが起こっていないかを瞬時に確かめられるでしょう。**

「学習不足」を防ぐ、自分の頑張らせ方

どうすれば、勉強したい気持ちになれる？

私たちは慢性的に学習不足です。その原因の一つには、**世の中が楽しくなりすぎて、娯楽などに費やす時間が増えてしまった**ことがあります。

小説や映画やショーも、すごく面白いものが次から次へと私たちを襲ってきます。感動的な文芸作品もその存在すら、あっという間に忘れてしまうようになりました。私が子どもの頃には、歴代のアカデミー作品賞はどの映画がとったか、日本レコード大賞は誰だったか、数年前まで遡《さかのぼ》って言えたものでした。今では、昨年の受賞が何だったかさえも覚えていません。

娯楽的な内容ですらもう覚えられないのですから、それが自分の興味の対象でもな

い、いわゆる勉強的なことであれば、なおさら難しいものです。

勉強には、「不純な動機」があったほうがいい

そんな中で私たちが必要な新しい知識を身につけていくためには、どうしたらいいのでしょうか。端的にいえば、学習をする**動機付け**と、**学習を楽しむ工夫が必要**です。

たとえば私はネイティブに英語を扱うので、英語の学習について、よく相談されます。そんなときに一番オススメの英語学習法は「ネイティブな彼氏、彼女をつくること」。既婚者だったり、何か事情があってそれがかなわない場合には、「好きなテレビ番組を見つけなさい」と言います。

テレビ番組の中でも特にコメディは、発声もはっきりしていますし、ゆっくりしゃべってくれるので、言語を学習するのにもってこいなのです。

このような手段をとれば、動機付けの面でも、学習を楽しむという面でも問題を克

服でき、英語が身につくでしょう。

同様に、基礎学力の蓄積であっても、会計の知識であっても、技術職の知識であっても、自ら動機付けをして学習していくしかありません。

学習不足の克服は、長い目で見ると、自分の体力と知力を向上させ、自分の身になります。何歳になっても学び続ける姿勢でいていただきたいと思います。

結局、「計画不良」がすべての失敗の引き金だった⁉

よい計画にはよい結果がついてくる

私たちの生活は、**「計画を立て、それに従って行動し、そして結果を得る」**という一連の流れによって形づくられています。その結果を受けて、また新たな計画を立て、行動をし、結果を得るというサイクルで、ビジネスでは「ＰＤＣＡサイクル」と呼ばれます。

小さなサイクルでは、たとえば今ここで私はコンピュータを相手に、原稿を書き進めていますが、頭の中に浮かんだ言葉を画面に出そうと考え、キーボードを打ち、結果を見て、漢字変換が違ったら、バックスペースを叩いて字を消し、今度は慎重に打ち直します。

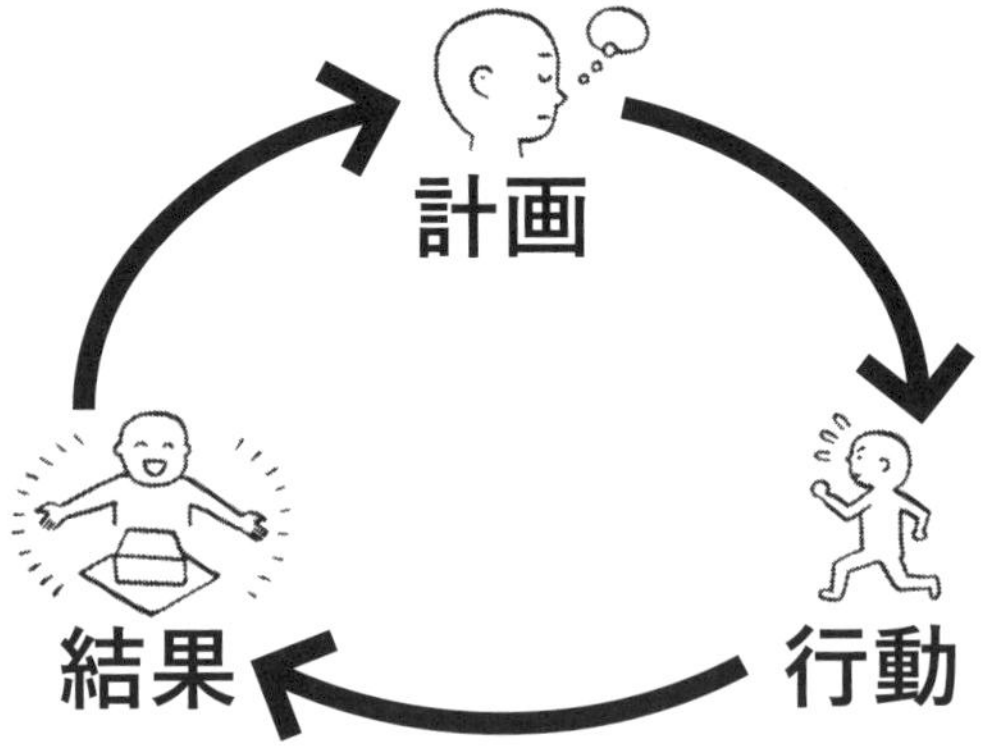

物事を実行するためのサイクル

この小さなサイクルを幾度となく繰り返して、原稿ができあがっていきます。

そして、もう少し大きなサイクルでは、担当編集者とメールを交わしてわかりにくいところを指摘され、ときには励まされながら、原稿に向かいます。

さらにもっと大きなサイクルでは、そもそも書き始める段階で編集者から出版の提案があり、「なるほど、面白そうだ、個人の失敗をターゲットに何か書いてみるか」と納得し、自分の予定にこれを押し込んでしまおう、願わくば中ヒットくらいは飛ばしてみたいと考えます。この「計画」に基づいて、現在は「行動中」というわけです。

私の持つ最大のサイクルでは、「この本が役

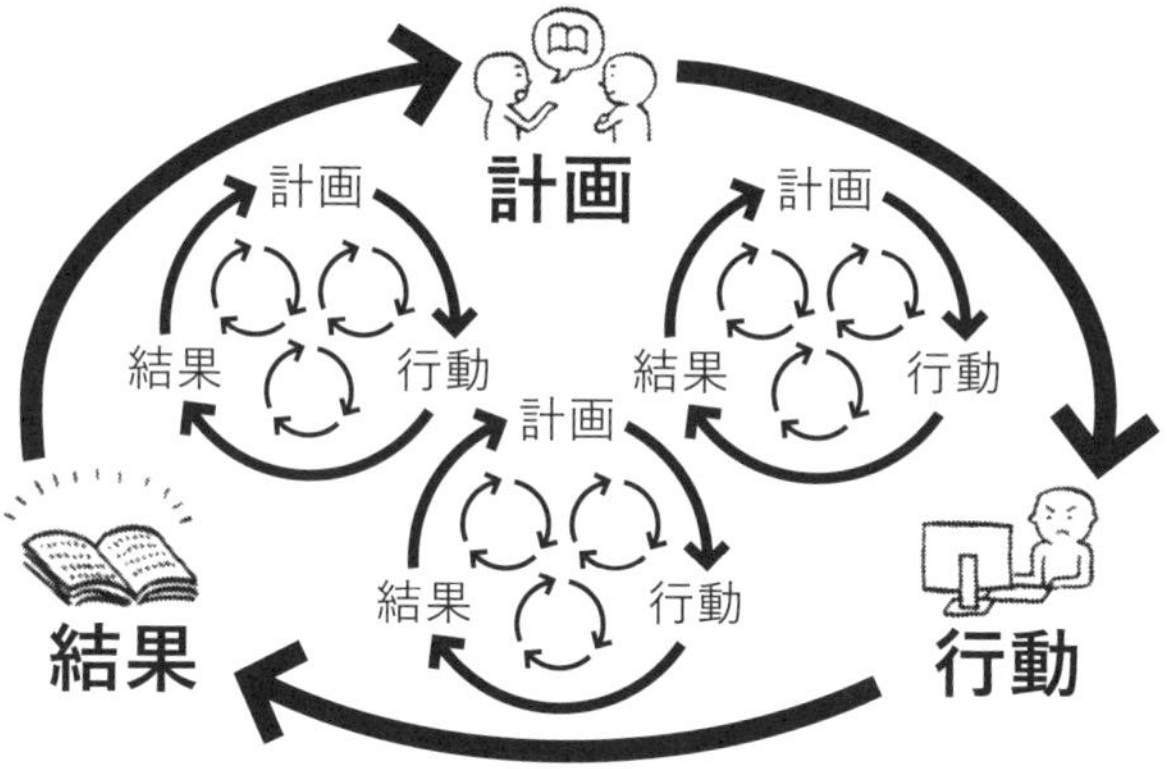

小さなサイクルが組み合わさって大きなサイクルへ

に立った」と言ってくださる読者があれば嬉しい、そんなフィードバックがあれば、人生の充実感が増すだろうということです。

このように、私たちが生きることは、自分が持てる最大のサイクルの中で、そのサイクルに役立つ少し小さなサイクルをいくつも繰り返し、それぞれの小さなサイクルを実現するためのさらに小さなサイクルを複数繰り返し、と、入れ子になったサイクルがうようよと発生と消滅を繰り返しながら転がっているようです。

このときに計画を間違えると、行動も間違ってしまい、自分では望まない結果が生まれてしまいます。**計画不良を防ぐためには、一にも二にも「的確な計画を立てること」。それしかあ**

りません。

「考えが甘かった」では何の反省にもなりません！

ところで私たちは、計画を間違えたときによく、「考えが甘かった」と反省します。しかし、これではいつまで経っても計画を立てる能力が向上することはありません。**具体的に何がどう甘かったのか、何の分析もできていない**からです。失敗をしたときにきちんと分析をしなければ、そこから学ぶことはありません。

兵法の言葉に、「敵を知り己を知れば百戦危うからず」というものがあります。紀元前5世紀ごろの中国の兵法書、孫子《そんし》の中の一文です。

この場合、「敵」を競争相手と考えるとわかりやすいですが、市場、消費者、国際情勢などもあてはまります。「己」とは、自分のほかに、部下、同僚、下請けなど、同じ目的を共有していて、それに向かって協力している人たちも含みます。

「考えが甘かった」というのは、敵に対しては見くびっていた、己に対しては過剰評価していたということなのです。

このようにお伝えすると、

「だったら、計画不良を克服するには、敵を大きく評価し、己は小さく評価すればいいんですね！」

と言われそうです。たしかに、一つの目標しか持たないなら、それも有効でしょう。大きく設定した敵に向かってあらゆる対策を練り、全力を尽くすイメージです。でも、それは現実的ではありません。私たちは常に複数の目標を持ち、それがかなったり失敗したりしながら、次々と新しい目標を立てて努力しているからです。**限られたリソース（時間や労力や協力者）を活用して、目標を達成していかなければならないのですから、相手も自分も的確にその実力をはかり、計画を立てることは必須**でしょう。

知らないと損をする「通知表」思考

そのような環境でもミスなく成果を上げていくためにはまず、自分が常に、いくつもの「計画→行動→結果」のサイクルを回していることを自覚することです。そして、計画を立てるときには漫然と「○○をしよう」と考えるだけではなく、**「いつまでに、自分の持てる力のどのくらいをかけて実行するか」を考える**ことです。

ただし、このとき、自分の持てる時間と労力のすべてを仕事に割り当てるような計画を立ててはいけません。人との付き合い、自分の遊興、家族サービスに使うリソースもきっちり考えて計画に入れてください。

そして思った通りにうまくいかなかったときは、「ああ、残念」と落胆するだけではなく、**計画をどう間違えたか、自分のリソース配分の何がいけなかったか、相手の何を思い違いしていたかを一つひとつ振り返る**のです。**気分は、学校の長期休みの前に先生から手渡される「通知表」です。**計画やリソース配分の出来はどうか、その評価の理由は何かを一つずつ検討していってください。

それを続けていると、次第に計画を立てるのがうまくなり、計画を立てている意識がなくてもうまく物事が進むようになります。

自己流のコツが最上級の仕事術

自分の仕事に「傾向と対策」を練る

「注意不足」による失敗に対するコツは、自分の中の問題と考えないで克服する工夫を見つけることです。すでに世の中には便利なツールがたくさんあります。

「伝達不良」による失敗は、相手があってはじめて発生します。防ぐコツを考える際には、情報を発信する側と情報を受け取る側の両方に自分を置いて考えることが大切です。

「学習不足」による失敗を防ぐコツは、「地道な努力」です。その努力が辛くならないよう、楽しめる工夫をしましょう。

「計画不良」による失敗が起こってしまったときには、どの点で読みが甘かったのかを、必ず追求しておいてください。

こうして、「あの人はできる」イメージがつくられる

この４つの視点で、自分の周囲に起こった失敗やミスへの対策を立てる習慣が身につけば、２〜７章で紹介した「失敗対策」が効かないときも、**自己流の効果的な対策を立てることができる**でしょう。

その積み重ねによって身につけた「失敗対応力」は、職種にかかわらず、さらには仕事だけに留まらず、生活のあらゆる側面で役に立つはずです。

仕事のミスを絶対にしない人。
スピーディに、いい仕事をする人。
待ち合わせに絶対遅れない人。
口約束でも、交わした約束は必ず守る人……。

あなた自身にそんなイメージがつけば、あなたに対する信頼はどんどん厚くなっていくでしょう。失敗しない力を、**あなたの人生を支える「人間力」の一つとして、活用していただければ幸いです。**

9章

自己実現を最短でかなえる仕事の取り組み方

新しいことを始めるときの、「ミス」との上手な付き合い方

普段の仕事でプラスの評価を得続けるコツ

これまで、様々な「ミスなく効率よく仕事をするコツ」を紹介してきました。しかし、新しい物事に挑戦するときには、どんな人でもミスや失敗をします。100パーセント、ミスのない人というのは存在しません。

ただし、多くの人がミスで評価を下げる一方で、中にはミスをポジティブな評価に変え、帳消しのようにしてしまう人もいます。つまり、ミスを**プラスに転化している**のです。

本書の締めくくりとして、やってしまったミスや失敗をプラスに転化する方法を考えておきましょう。

最短期間で「成功」に向けて舵《かじ》を切る

ある言い訳を封印するだけで……

ミスをプラスに転化するために大切なことは、素直に現状を認めることです。

まずミスを認めないと、そのミスを自分の中で正当化しようとする考察が始まります。**人に対して説明をする前に、自分の中で自分に対する言い訳が始まるのです。**

これほどネガティブな思考はありません。何かのミスが起こってしまったとき、最初にするべきは、そのミスの被害が拡大しないようにすること。次に、起こってしまったミスの後始末をすること、そしてそのミスを繰り返さないようにすることでしょう。

それなのに、**正当化するほうに思考を向けてしまえば、そういったミスの正しい後処理は一切しないままになってしまう**でしょう。

さらに今度は、負の正当化の中で、他人や環境への責任の押しつけが始まります。

しかし、どんなに自分を正当化し、周囲や環境に責任を押しつけようとしても、周囲から見れば責任の所在は明らかですよね。そう、そうやってミスを正当化している様《さま》も含めて、他人からの評価をさらに下げることになるのです。自分のエネルギーを、さらに自分を貶《おとし》める方向に使うことほど、馬鹿馬鹿しいことはありません。

また、自分自身の心の中に目を向けてみれば、その失敗の責任が自分にあるかどうかは、自分が一番よくわかっているはずです。

そんな状況でそれらをどうにか他人のせいにできたとしても、心理的には「相手に借りをつくった」という意識が芽生えているでしょう。

それよりは、**たとえ相手に多少の落ち度があっても、自分の責任と宣言してしまったほうが、その後の自信にもつながり、自分が大きくなったように感じます。気持ちを大きく持ったほうが、いい対策を思いつく**ものなのです。

まずは、自分自身に対して自分のミスを素直に認めること。それが肝心です。

なぜ私たちは、「言い訳」を探さずにいられないのか

それにしても、なぜ失敗したときに、私たちは一生懸命、言い訳を考えてしまうのでしょう。

この誰もが持っている性癖は、子どもの頃の名残だと思います。子どもの世界では生産的な活動をすることはほとんどなく、「遊ぶ、食べる、寝る」で1日が終わります。つまり遊ぶために生きているようなもので、ある年齢に達すると、遊ぶことはすなわちほかの子どもと勝ち負けを競う――つまりゲームをすることになります。

ゲームでは、ミスは負けに直結し、悔しい思いをすることになります。ここで**「ミス＝負け」の方程式ができてしまうわけで、これが私たちの頭の深いところに刷り込まれてしまう**のです。

負けは、誰もが認めたくありません。「ヨーイ、ドン」でいっせいに駆け出したなら、なおさらです。**「ミス＝負け」が定着しているから、大人になった今でも容易にミスを認めたくない**のです。

さらに、**「ミス＝汚点」と考えてしまう**こともまた、私たちが自分のミスを素直に認められない原因の一つでしょう。特に、自分が失敗したことで自分だけが不利益を被るならともかく、他人に悪影響を与えてしまう汚点については、誰もが責任をとりたくないと感じます。

それで、まずはなかったことにしようと努力し、それができなかったときには、自分の責任ではないと言い張るのです。

自分のミスを認めて成長できる人、認めずあがき続ける人

では、「ミス＝負け」「ミス＝汚点」という認識がある以上、ミスを認められないのは、人として仕方のないことなのか、というとそれは違います。

3連続3冠をリオ・オリンピックで達成したウサイン・ボルトは、アメリカの人気トークショー「エレンの部屋」で、ユーチューバーのデマージェイ・スミスという当時9歳の男の子とかけっこをし、負けてしまいました。でも、ボルトはニコニコしていました。

あなたも、自分より年下の人との競争に、「わざと負けた」ことはありませんか？その心境と同じです。**絶対の自信があるから、弱い者に花を持たせてあげようと思うのです。**

もし、あなたが仕事でミスをして、それを認めないで何とかすり抜けようとすれば、それはあなたが犯したミスと同じレベルまで自分を落として、ミスと張り合っているようなもの。弱い子どもが、負けを素直に認めようとしないのと同じです。

そうではなく、大人は大人として、**余裕を持ってミスを捉えること**です。

つまり、ミスをやらかしたときには、同じミスがもう起こらないしくみを編み出し、マイナスになった分を取り戻すことを考えてください。それが、ミスをも飲み込む（負けをも認める）本当の強さです。

ただし、「同じミスはもうやらない」という決心ではダメですよ！　というのが、本書の教えですね。ここまで読んできた人はわかっているはずです。

ミスは本当に「汚点」なのか？

さらに、そもそもの話をすれば、「ミス＝汚点」という考えは、実は正しくありません。なぜなら、誰かの悪意によって引き起こされたものでなければ、**たいていのミスは他人から見るとたいしたことではない**からです。

皆、誰でも失敗をすることがあると知っています。あなたがたった1回、失敗したからといって、ことさらあなたを低く見ることはありません。仮にそういう人がいたとしても、それはその人のほうに問題があるだけで、その人に低く見られたところで、損をすることはありません。

むしろ「これは、私の失敗です」と、胸を張って堂々と言う人のほうが断然カッコいいと思いませんか？　そう思えば、あわてて言い訳を探そうとする自分にストップをかけることができるのではないでしょうか。

この「潔さ」が相手の心をむんずとつかむ

いっそ、気持ちよく謝ってしまおう

言い訳をしないで、自分の失敗を認める。それができたら、今度は自分の失敗で迷惑をかけてしまった人に「謝る」ことにしましょう。

もし、あなたが花瓶《かびん》を割ってしまったとして、次の二つの謝り方のうちどちらの謝り方をしますか？　ちょっと考えてみてください。

「ごめんなさい。あなたが大切にしている花瓶を割ってしまいました」

「あなたが大切にしている花瓶を割ってしまいました。ごめんなさい」

どちらも同じように見えるかもしれませんが、実は、この2つの謝り方では意味がまったく変わります。

前者は謝る人中心、後者は謝られる人中心の謝り方なのです。

前者は、とにかく早く謝意を伝えることができます。でもちょっと謝られる人の気持ちになってみてください。いきなり、

「ごめんなさい」

と言われても、次の説明をされるまで、なぜ謝られたのかがわかりません。ほんの数秒のことですが、その間、謝られる人の気持ちは宙ぶらりん。「何があったんだろう」と、不安に満たされてしまいます。

人間は、「悪いことがあった」と宣言されると、自分を守るために、最悪をまず想定します。その状態で、最悪ではないことを聞かされると少し安心します。つまり、心理学的には、一度相手を不安にさせて、「花瓶」という事実を開示することで、相手の怒りを逸らす効果があるのです。しかし、**迷惑をかけた相手の気持ちを手玉にとるような態度は、謝る身としては失格だと思います。**

謝罪時に一番優先すべきことは？

謝るときのポイントは、**「迷惑をかけた相手を中心に考えること」**。

相手の気持ちを尊重して、まず何があったかを説明しましょう。相手がいち早く現状を把握できれば、その後の対処法も早く判断することができます。自分の気持ち（謝意）を伝えるのは、その後でいいと思うのです。

ほとんどの場合、事情を説明し、謝意を伝えると、相手は「なぜ？」と聞いてくると思います。あるいは、聞かれなかったとしても、自分から原因と経過を説明しましょう。このときも、いきなり「気が緩んでいた」などの自分の状況を説明するのではなくなるべく直接的な原因から説明したほうが、相手は理解しやすいと思います。

それらの説明がひと通り終わったら、もう一度謝意を示しましょう。

これで、相手は状況と、あなたの気持ちを理解することができるでしょう。それでも相手の怒りが静まらなかったら、そのときは少し時間を置いたほうがよさそうです。

仕事は「謝って終わり」ではない！

「この瞬間」を飛躍のきっかけにできる人の共通点

謝罪まできちんと済んだら、今度は同じ失敗を繰り返さないためのしくみを考えます。

これは今まで説明してきたことですし、起こしてしまった失敗やミスの種類によって対策も変わってきますので、一概に「こうしたほうがいい」とはいえません。しかし、このしくみづくりを考える際に、一つ、忘れてはいけないことがあります。

皆さんは、2007年に起こった「船場吉兆《せんばきっちょう》事件」を覚えていますか？

船場吉兆という老舗《しにせ》の料亭で、産地偽装と製造日改竄《かいざん》が発覚しました。その後しばらくは頑張ったのですが、ついには廃業に追い込まれた事件です。最終的に料理の使い回しまで発覚して、さんざんな幕引きとなりましたね。

そしてもう一つ、時を同じくして「赤福《あかふく》事件」がありました。こちらも和菓子の製造日改竄でした。

最初の記者会見がお粗末だったのは、どちらも似たり寄ったりでしたが、その後、両者はまったく異なる道を辿ることになります。前述のように廃業の追い込まれた船場吉兆に対し、赤福は不祥事発覚から5カ月後に復活、その後、売り上げを回復して今に至っています。


この2つは、どちらも食品関連の事件でしたが、なぜこうも「その後」が違ったのでしょうか。

「使い回し」と「製造日のいんちき」では衝撃の程度が違ったということもあるかもしれませんが、それ以上に、その後の対応に格段の差があったことは見逃せません。

船場吉兆の記者会見は、平身低頭平謝りし、「今後は二度としないので信じてほしい」と精神論に訴えました。一方の赤福は、製造日改竄を可能にしていた冷凍設備を壊して見せ、さらにそれまで包装紙にだけ刻印していた製造年月日を、中箱にも打つようにしたのです。

赤福餅は、漉餡《こしあん》を伊勢を流れる五十鈴川《いすずがわ》の波に見立てて、餅にのせています。いったん箱から出した赤福餅は外側の漉餡が崩れて、どうやってももと通りにはなりません。つまり、中箱に製造年月日を打つということは、とりもなおさず、餅そのものに日付を打っているのと同じです。つまり、赤福は「自分たちがしてしまった不正を二度と繰り返せないしくみ」をつくったのです。

ただ精神論に頼った船場吉兆とは、失敗へのフォローとしては二つも三つもレベルが上の対応でした。

日頃の失敗対策も同じです。いくら謝って、今後は気をつけますと訴えても、効果はあまり期待できません。自分の失敗を冷静に分析し、それを繰り返そうにもできないような〝からくり〟を考えないといけないのです。

そして、また別のミスをしたときに、そのミスをも防ぐ新たなしくみを身につけるのです。こうして、**失敗を100個したとしても、その対策を100個身につければ、あなたは怖いものなしの百戦錬磨——仕事の達人になれるのです。**

人生最大の失敗は、「失敗をしない」こと!?

未来への恐れに人生を左右されないために

本書では、「ミスをせず、仕事を効率化すること」を掲げてここまでお話をしてきましたが、あまりに小さな事柄の一つひとつを「ミス」や「失敗」と捉えないでいただきたいと思っています。

なぜか。**あまりに小さい一つひとつのことを「失敗」と捉えていると、新しいことをするのが怖くなってしまう**からです。「失敗を恐れて、一歩を踏み出せなくなる」ことは、本書の目標とは根本的に違います。

何か新しいことを成し遂げようとするとき、私たちは「試行錯誤（トライアル・アンド・エラー）」という言葉を使います。

「トライ＝いろんな方向からの試行」をやっては、「エラー＝小さな失敗」を何度も繰り返し、やがて進むべき道がわかってくる。その結果として、一つの物事を達成できるわけです。その間、「エラー」を繰り返してはいますが、多くの場合、その一つひとつは「失敗」として認識されません。何らかの目標に向かって突き進んでいる、その「過程」でしかないのです。成し遂げようとする物事が大きければ大きいほど、「エラー」もまた大きくなるのは必然です。

もちろん、失敗はしないに越したことはありません。けれども「小さな失敗」すら許せなくなれば、目をつぶってでもできるような簡単なことを、それまでとまったく同じように繰り返すだけ、ということになりかねません。

簡単にできることだけをただひたすら繰り返す人生……考えただけで、ぞっとしませんか？

ということは、私たちが人生を十分に楽しみながら、なおかつ失敗しないための一番のコツは、**失敗しても落ち込んで立ち止まってしまわないこと、そして「試行錯誤」を続けること**です。

失敗は「この先行き止まり」の標識

でも、「失敗した」と感じたときに、落ち込まない人なんているのでしょうか？

いいえ、失敗をしたときは誰でも落ち込みます。**失敗したときに「胸を押しつけられるようなイヤな気分」が起こるのは、人間として自然の摂理**です。

私たちの体はよくできたもので、何か悪くなったものを食べてしまったら腹痛が起こり、その悪いものを体内から排出する反応を起こします。

その反応がなかったら、体の中に悪いものが居座って、もっとひどい悪さをするからです。私たちの意識の外で、人体が自身を守るしくみが働いているのです。

失敗に伴う「イヤな気持ち」は、この体の反応（腹痛）とよく似ています。

そのまま続ければより大きな失敗になりかねないものを察知して「イヤな気持ち」を起こして踏み留まらせる。そして、次に似た状況となったときには、イヤな気分に頭の中が満たされることのないような行動（＝失敗しない方法）を選び取るようになるでしょう。

「イヤな気持ち」や「落ち込み」は、次に失敗をしないための体からの合図——**「この先行き止まり」の道路標識のようなもの**です。失敗は、その標識を立てるプロセスであり、標識をうまく活用することが大切なのです。

失敗を「単なる挫折」として落ち込んで立ち止まるか、それともそこから新たな何かを習得し、その後の生活や考え方を変えるステップとするかの分岐点は、ここにあるのです。

ミスをさせて人を伸ばす

企業における人材育成という観点で見てみましょう。

長期間継続するプロジェクトの場合、同じような立場、同じような能力の人たちだけでチームがつくられることは、あまり多くありません。プロジェクトの規模にもよりますが、リーダーとなるベテラン社員を中心として、中堅どころや若手社員が加わることでチームが形づくられます。ベテランが後進を育成しやがては席を譲って、そのチームは存続していくのです。

ベテラン上司と経験の浅い部下という組み合わせですから、そのプロジェクトを最短で成功させるためにもっとも効率がいいのは、上司が細かく指示をして、部下にやらせるという方法でしょう。もちろん、この中で学ぶことも多いと思います。

しかし、比較的余裕があり、ある程度の失敗ならば挽回できる余力がある場合には、「あえて部下に任せる」形をとることで、思いもよらない成長につながります。

パワーポイントのプレゼン資料をつくらせてみたり、お客様宛の重要なメールを草稿させてみたりとかです。

あるいは、解析が必要なときに、方法は指示せずに「何と何の関係を知りたいから解析してほしい、方法は任せる」と言ってみるのです。

できないとなれば教えなければなりませんが、このときに**わからずに悔しいと思ってくれたらしめたものです。学ぶ際の吸収力が格段によくなります。**これを、こうこうやるんだとはじめから手取り足取り教えていたら、教わるほうもつまらなくて身になりません。

また、新人はそれなりにプログラムが得意だったり、パワーポイントやエクセルの達人だったりするかもしれません。ソフトウェアも日進月歩の今日《こんにち》では、新人に教えられることも珍しくありません。

失敗を通して部下を育てるスタンスでいれば、自然と部下のことをよく見るようになり、部下との交流も増えますから、部下が持っているスキルを上司自身が学ぶ機会にもつながるでしょう。

失敗を通した人材育成とは、上司自身が新しいことを学ぶチャンスでもあるのです。

どんなことも捉え方次第で「成功のはじめの1歩」にできる

「時間範囲」がその出来事の意味を決める

小さい単位で「失敗か、失敗でないか」を見るのをやめる。すると、**ことが起こったときに、それが失敗であるかどうかは、時間範囲を設定してはじめて決まる**ことがわかります。簡単な例で説明します。

「つたい歩きをする生後1年の赤ちゃんが、意を決したように壁から手を離し、よろよろしながら人生最初の1歩、2歩、と歩き始めます。親は大喜び。手を叩いて、よくやった！　と絶賛しますが、その赤ちゃんは5歩も歩かないうちにひっくり返ってしまいました」

この刹那《せつな》だけを見ると、歩こうとしていたのに歩行の技術が習熟していなかったための失敗です。でも、あなたはこれを失敗と思いますか？

あと1カ月もすれば、その赤ちゃんは、手を離して相当な歩数を連続歩行できるようになります。それも、最初の1歩、2歩を、おぼつかないながらも歩んだからこそできるようになったのです。

この最初に転ぶ経験がなければ、いつまで経ってもこの赤ちゃんは歩けなかったでしょう。**長い目で見れば、転んだことも成功の一部**だったのです。

目を転じて、大人になったあなたの場合を考えてみてください。社会人として毎日忙しく仕事をしていれば、社内の人間関係や、お客様との関係、あるいは通常の業務の中で、ミスをやらかすことは必ずあります。

そこでまず大事なのは、自分が失敗したことにちゃんと気づき、自分の失敗として受け止めること。世の中には、自分の失敗に気づかない人がいます。そういう人は落ち込むことはないかもしれませんが、同時に進歩もありません。

失敗も「大きな成功」の一部分

あなたは、自分がしてしまった残念な失敗に、どうぞ気づいてください。そして、そのときに落ち込んでください。ひとしきり自分の気持ちをいじめ、一人になったときに「ダメなやつ！」とつぶやきが出たら、次への1歩はすぐそこです。

そこからの失敗克服法は、これまでいろいろなところでお伝えしてきました。失敗はたしかに、評価や業績を下げる、なるべくならば避けたいことです。

しかし、**してしまった失敗を克服したとき、人は大きな成長を遂げる**のです。仰々しく謝ってうやむやにしてしまうのではなく、同じような失敗を繰り返さない方法を、知恵を絞って考えてみてください。

そうすれば、いつか振り返ってみたときに、

「ああ、あの失敗は、あの部分のはじめの1歩だったんだ」

と思える日は必ず来ます。どんなに深刻な失敗も、成功に向けた大きな流れの中に位置づけられるはずです。

ハイスピード&ハイクオリティの仕事は、人生最高の楽しみになる

日々の仕事を通して、創造性を磨くコツ

仕事をしていく中で、「創造性」や「新しいやり方を考える姿勢」は絶対に不可欠です。それは、技術の進歩が、ある面で人間に追いつき、そしてもう追い越そうとしているからです。

アラン・チューリングが予見し、1950年代に形成され始めた人工知能AIは、ここ数十年のコンピュータ、ネットワーク技術の目覚しい発展で現実味を帯びてきました。今や、人間の姿に似せたロボットが人の感情を読み取り、それに応じて自律的に行動を起こせるようになったのです。

今は興味を引かれ、面白いと感じる程度ですが、これは私たちに確実な脅威となっ

ています。

過去には多くの人たちが、その生活の糧を得るために行なっていた生産活動のうち、単純な大量生産用の機械的作業は、産業用ロボットと呼ばれる機械に明け渡しました。コントロールされた環境ではなく、周りの状況に応じた作業や、知的活動を伴わなければできないことをしないと、人間は生きていけなくなったのです。

その後、人間の特権と思われていた判断を伴う作業も、機械に取って代わるということが、今現実に起こっています。駅の改札や、高速道路の料金所からは人の姿がずいぶん減りました。

さらに自動車の運転という複雑な作業を行なう自動車ロボットを世界中が目指しており、日本ではオリンピックイヤー、２０２０年という目標が掲げられました。公共の道路という概念を大きく変換させるインフラの改造が行なわれたなら、これもあっという間に実現するでしょう。

今を生きる人間は、何らかの労働をしてその対価として賃金を手にし、生活をしています。今の技術進化が続くと、人の職場はますます機械に奪われていくだけなのです。それに対抗するためには、**人間は「創造」をするしかありません。**

機械は、人ができないような精密な作業もやるし、美しい音を奏でることもできます。しかしそれはあくまでも、誰かが決めたルールに従って、それを忠実に実行しているに過ぎません。ランダムに見える動きでも、誰かが決めた乱数発生の順番で決められた動きなのです。

それに対抗するには、**自分で考えて、自分でする。その日々の取り組みを強化するしかない**のです。

「自分にしかできない仕事」をするために

今、世の中で高い報酬を受け取っている人を考えてみましょう。ビジネス界では、「新しいものを生み出す」という実績を残した経営者たちがずらりと並びます。

日頃私たちがその映像をよく見る人、いわゆる有名人では、スポーツ選手、お笑い芸人、俳優、歌手、作家、コメンテーターといったところでしょう。皆、創造的なことを生業《なりわい》としています。

「自分には特別な能力がない」と悲嘆する必要はありません。大量生産、大量消費の社会においては、多くの人間は「創造性」を求められていませんでした。それで私たちは「創造」を手放してしまっただけ。**本当は、私たちは皆、創造性を持って生まれてきている**のです。体と頭が忘れた創造性をつついてやることによって、誰もが創造的な人間になれるはずです。

まずは、工場見学、講演会、発表会、展覧会、映画、演劇など、何にでも旺盛に興味を持って出かけることです。自分の知らない世界でも何でも体験し、そのときは理解できなくても少し考えること。それが創造性を育成するための第1歩です。そしてそれは、失敗の撲滅、仕事の能力向上に確実につながっていくのです。

逆から見れば、**失敗に対して原因を追及し、対策を立てていくことは、そのまま自分の「創造性」を高めることにもつながります。**

そう思えば、しでかしてしまって憂鬱《ゆううつ》なミスを克服するプロセスが、さらに有意義なように思えてきませんか？

こうして、私たちの新たな挑戦が始まるのです。

（了）

著者紹介
飯野謙次（いいの・けんじ）
スタンフォード大学工学博士。1959年大阪生まれ。
東京大学大学院工学系研究科修士課程修了後、General Electric 原子力発電部門へ入社。その後、スタンフォード大で機械工学・情報工学博士号を取得し、Ricoh Corp. へ入社。2000年、SYDROSE LPを設立、ゼネラルパートナーに就任（現職）。2002年、特定非営利活動法人 失敗学会副会長となる。2013年、消費者庁安全調査委員会専門委員を経て、現在臨時委員。
本書では、工学・失敗学で得た知識・経験をもとに、誰もが自分の仕事を効率化し、ミスを撲滅する具体的な方法を提案。誰でもすぐに実行できる簡単なワザで、確実に結果が出せる。

仕事が速いのにミスしない人は、何をしているのか？

2017年2月7日　第1刷発行
2023年5月1日　第13刷発行

著　者	飯野謙次
デザイン	ISSHIKI
イラスト	白井匠
校　正	株式会社文字工房燦光
編　集	宮本沙織
発行者	山本周嗣
発行所	株式会社文響社 〒105-0001　東京都港区虎ノ門2-2-5 共同通信会館 9F ホームページ：http://bunkyosha.com お問い合わせ：info@bunkyosha.com
印刷・製本	中央精版印刷株式会社

 ISBN コード：978-4-905073-74-1　Printed in Japan
この本に関するご意見・ご感想をお寄せいただく場合は、郵送またはメール（info@bunkyosha.com）にてお送りください。